COLLECTION DE TEXTES

POUR SERVIR A L'ÉTUDE ET A L'ENSEIGNEMENT DE L'HISTOIRE

LES GRANDS TRAITÉS

DE LA

GUERRE DE CENT ANS

PUBLIÉS PAR

E. COSNEAU

Professeur d'histoire au Lycée Henri IV
Docteur ès-lettres

SCIENTIAE
ET PATRIAE

PARIS

ALPHONSE PICARD, ÉDITEUR

Libraire des Archives nationales et de la Société de l'École des Chartes

82, RUE BONAPARTE, 82

1889

LES GRANDS TRAITÉS

DE LA

GUERRE DE CENT ANS

COLLECTION DE TEXTES

POUR SERVIR A L'ÉTUDE ET A L'ENSEIGNEMENT DE L'HISTOIRE

LES GRANDS TRAITÉS

DE LA

GUERRE DE CENT ANS

PUBLIÉS PAR

E. COSNEAU

Professeur d'histoire au Lycée Henri IV

Docteur ès-lettres

SCIENTIAE
ET·PATRIAE

PARIS

ALPHONSE PICARD, ÉDITEUR

Libraire des Archives nationales et de la Société de l'Ecole des Chartes

82, RUE BONAPARTE, 82

—

1889

PRÉFACE

La guerre de Cent ans donna lieu à de nombreuses négociations, soit entre la France et l'Angleterre, soit entre ces puissances et leurs alliés, et la lutte fut interrompue à plusieurs reprises par des traités de paix ou par des trèves.

Ces actes diplomatiques ont été déjà publiés plusieurs fois, notamment dans les grands recueils de Rymer, de D. Martène, de Du Mont, etc.; quelques-uns ont été insérés par Froissart, Monstrelet, Olivier de la Marche, etc., dans leurs chroniques, mais nulle part on ne trouve réunis tous ces documents essentiels; nulle part on ne les trouve reproduits avec une exactitude suffisante. Les chroniques, en particulier, ne fournissent guère que des textes abrégés ou altérés[1].

Nous pensons donc que ce recueil pourra rendre quelques services. Nous y avons rassemblé les traités de Brétigny (1360), de Troyes (1420), d'Arras (1435), les trèves de Paris (1396) et de Tours (1444), en ajoutant à ces documents le traité conclu à Londres en 1359 (bien qu'il n'ait jamais été ratifié), parce qu'il a servi de base aux négociations de 1360. Nous avons dû nous arrêter à la date de 1444, parce qu'il n'y a plus d'autre traité remarquable jusqu'en 1453, année qui est

---

1. Voy. par ex. le traité de Brétigny dans Froissart, et ce que nous disons ci-dessous, p. 36, n. 3. Voy. aussi le traité d'Arras dans Monstrelet.

toujours considérée comme la fin de la guerre de Cent ans. A vrai dire, il faut aller jusqu'au 3 novembre 1492 pour trouver, non plus des trêves, mais un véritable traité de paix entre la France et l'Angleterre (traité d'Etaples) [1].

Une édition complète des actes diplomatiques relatifs à la guerre de Cent ans nécessiterait de longues recherches parmi les documents inédits conservés au *Public Record Office* de Londres [2]. Notre but était plus modeste et notre tâche consistait seulement à réunir dans un petit volume facile à consulter quelques textes, trop peu connus, malgré leur importance. Nous avons pris ceux du traité de Brétigny et de la trêve de Paris dans les meilleures éditions, et nous les avons collationnés sur les pièces originales ou sur les copies les plus authentiques. Pour les traités de Londres, de Troyes, d'Arras et pour la trêve de 1444, nous avons recouru directement aux originaux, les uns déjà publiés, les autres inédits, en tout ou en partie [3].

Pour renfermer notre travail dans les limites qui lui étaient assignées, nous avons dû nous interdire tout

---

1. Sur les négociations qui ont suivi la trêve de 1444, voy. Stevenson, *Letters and papers*, I, 187 et s., 370 et s.; Rymer, *Fœdera*, édit. 1739-1755, V, 1, 151-190; 11, 2-8, 117-170; 111, 77-79, 133-192; iv, 27-54; J. Delpit, *Collect. gén. des documents français qui se trouvent en Angleterre*, Paris, 1847, in-4°, p. 267-268; Th. Duffus Hardy, *Syllabus of Rymer's fœdera*, London, 1869-85, 3 vol. in-4°. Ce dernier ouvrage est important à consulter pour l'ensemble des négociations de la guerre de Cent ans.

2. Les catalogues, encore incomplets, des principaux fonds du Public Record Office, permettent de constater qu'il existe à Londres un nombre immense de documents inédits, relatifs aux rapports entre la France et l'Angleterre, pendant les xiv° et xv° siècles. Voir, sur ce point, le rapport de M. Ch-.V. Langlois, intitulé : *Les Documents relatifs à l'histoire de France au Public Record Office, à Londres* (Archives des missions scientifiques, 3° série, t. XIV, et tirage à part (1889), particulièrement aux pages 13, 17, 21, 22 et 24 du tirage à part).

3. Voy. ci-dessous, pp. 118, 150 (n. 1), 151 (n. 3), 153-154.

développement historique et tout commentaire étendu.
Nous nous sommes contenté de rattacher les traités
les uns aux autres par des avant-propos résumant,
d'une manière aussi brève que possible, la suite des
négociations et des principaux événements historiques.
Les indications bibliographiques que nous avons données permettront de retrouver facilement les documents les plus utiles.

Afin de ne pas multiplier et de ne pas allonger les
notes outre mesure, nous nous sommes imposé certaines règles : ainsi, nous nous sommes borné à
fournir quelques renseignements biographiques sur
les principaux personnages qui paraissent, à un titre
quelconque, dans les quatre traités et dans les deux
trêves, et à faire connaître les ouvrages où l'on peut
trouver sur eux des détails plus complets ; — ne voulant pas faire un choix arbitraire parmi les noms géographiques, nous avons identifié toutes les localités
qui ne sont pas des chefs-lieux d'arrondissement ; —
enfin, en ce qui concerne le langage français du xive et
du xve siècle, nous n'avons expliqué, par exception,
que les termes les moins connus et les moins intel-
ligibles, et nous renvoyons, pour les autres, aux dic-
tionnaires de Du Cange, de La Curne de Sainte-Palaye,
de Godefroy et de Littré.

E. Cosneau.

LES GRANDS TRAITÉS

DE LA

GUERRE DE CENT ANS

I.

TRAITÉ CONCLU A LONDRES

ENTRE JEAN II ET ÉDOUARD III

LE 24 MARS 1359.

Depuis le commencement de la guerre de Cent ans (août 1337) jusqu'au traité de Brétigny (8 mai 1360), les hostilités furent, à plusieurs reprises, interrompues par des trêves, conclues, la première en la chapelle de Notre-Dame d'Esplèchin, près de Tournai, le 25 septembre 1340[1], la deuxième à Malestroit[2], le 19 janvier 1343[3], la troisième près de Calais, le 28 septembre 1347. Cette dernière fut plusieurs fois renouvelée[4]. En 1354, des préliminaires de paix furent signés près de Guines[5], mais ils n'aboutirent pas à un traité définitif et la guerre recommença en Bretagne.

Après la bataille de Poitiers (19 sept. 1356), une nouvelle trêve de deux ans fut négociée à Bordeaux le 23 mars 1357[6], puis le roi d'Angleterre conclut avec Jean II, au commencement de 1358, d'autres préliminaires de paix qui étaient sans doute très désavantageux pour la France, car « on refusa de les ratifier à Paris »[7]. En même temps, Edouard III s'entendait avec Charles le Mauvais,

---

1. Rymer, *Fœdera*, éd. 1739-55. II, iv, 83-84.

2. Arrondissement de Ploermel (Morbihan).

3. Rymer, II, iv, 141.

4. Rymer, III, i, 20-22, 36 et s., 48, 53, 73, 82, 87, 95.

5. On ne sait à quelle date précise, mais il en est fait mention dans Rymer (III, i, 94, 100-102), aux dates du 30 mars et du 28 août. Voy. aussi Froissart, éd. S. Luce, IV, 41, n. 2, et p. 131.

6. Rymer, III, i, 133. Voy. aussi *Froissart*, édit. Kervyn de Lettenhove, XVIII, 396 ; édit. S. Luce, V, p. xvi-xvii et 84-85. J. Delpit, *Docum. français*, p. 81. Cette trêve fut conclue le 23 mars, et non le 18, comme le dit l'auteur des *Grandes Chron.* (VI, 56.) Elle devait durer jusqu'au 21 avril 1359.

7. S. Luce, *Du Guesclin*, I, 287.

pour partager avec lui le royaume de France, en se réservant la plus large part, comme le prouve un traité du 1er août 1358[1]. Enfin, au moment même où allait expirer la trêve de 1357, il fit avec Jean II un autre traité désigné sous le nom de traité de Londres (24 mars 1359)[2].

Cette convention, arrêtée par les deux rois en conseil secret, est restée pendant longtemps peu connue. Froissart, après Jean Le Bel, se borne à la mentionner en quelques mots, quand il parle de l'assemblée que le régent Charles convoqua pour la faire examiner et rejeter[3]. L'auteur anonyme des Grandes Chroniques de France, mieux informé, est le seul qui en donne une analyse assez complète[4]. On sait que les « gens d'église, nobles et de bonnes villes, » réunis à Paris, répondirent au régent que « ledit traictié n'estoit passable ne faisable, et pour ce, ordonnerent a faire bonne guerre aux Anglois[5]. »

Le traité de Londres a été publié, pour la première fois, en 1833, par M. Lecointre-Dupont, dans la Revue anglo-française[6], d'après une copie du xive siècle, trouvée, par hasard, à Poitiers[7]. Il y avait pourtant deux autres copies à la Bibliothèque nationale, l'une dans le manuscrit 275 du fonds Saint-Victor, l'autre dans le manuscrit fr. 2875, fol. 35-42. Le manuscrit du fonds Saint-Victor est maintenant en déficit. La copie qui se trouve dans le manuscrit français 2875 a été faite en 1618 et collationnée sur l'original[8] ; elle présente donc bien des garanties, quoique l'or-

---

1. S. Luce, *Négociations des Anglais avec le roi de Navarre, en 1358,* dans le t. I des Mémoires de la Soc. de l'Hist. de Paris, p. 113-131.

2. Voy. ci-dessous, p. 3.

3. Jehan Le Bel, *Les vrayes Chroniques,* éd. Polain, 1863, in-8, II, 245, 246. Froissart, édit. S. Luce, V, 179-81. Th. Walsingham, *Ypodigma Neustriæ,* éd. Riley, 302.

4. Voy. *Gr. Chron.,* VI, 151-154.

5. Sur les faits qui précèdent, voy. aussi *Gr. Chroniques,* VI. Th. Walsingham, *Historia anglicana,* éd. H. Riley, 1863, in-8. — *G. de Nangis et ses continuateurs,* éd. H. Géraud. (Soc. de l'Hist. de Fr.) — D. Morice, *Hist. de Bretagne ;* etc.

6. *Revue anglo-française,* Poitiers, 1833, t. I, 388-405.

7. Ce manuscrit appartient à la Bibliothèque de Poitiers. Il comprend cinq feuillets de parchemin reliés ; cartonnage moderne. Il n'est pas encore catalogué, mais il figurera bientôt dans un inventaire des manuscrits de la bibliothèque de Poitiers que M. Lièvre, le nouveau bibliothécaire, refait en ce moment.

8. Au bas de la copie, on lit en effet : « Collationné à l'original par nous soubsignez, depputez du Roy et des archiducs, assemblez à l'Ecluse d'Oye, le vingt cinquiesme jour d'aoust mil six cens dix huit. Lefevre, de Laubespine, P. Decquins, G. Desteenhuys. »

thographe n'en soit pas toujours exacte. Elle donne d'assez nombreuses variantes, qui servent à compléter, à rectifier et à expliquer le texte, parfois défectueux, du manuscrit de Poitiers.

M. Lecointre-Dupont, fondateur de la Société des Antiquaires de l'Ouest, à qui nous avons demandé des rense.gnements, a bien voulu nous les donner avec une obligeance dont nous lui sommes très reconnaissant. Il explique comment il eut la chance de découvrir, en juillet 1830, la copie du traité de Londres. « Elle faisait « partie, dit-il, d'un lot de deux sacs de parchemins que M. Ric- « que-Chevrier avait acheté .... J'eus la chance de rencontrer, « entre autres pièces, dans un des sacs, les cinq feuilles de par- « chemin qui avaient formé auparavant un rouleau et avaient « été décousues .... Je rétablis le rouleau qui formait le traité « et j'en pris rapidement une copie, que M. de La Fontenelle me « demanda pour la *Revue anglo-française*[1]. »

Le texte ainsi publié, tout en respectant mieux que la copie de 1618 les anciennes formes de notre langue, présente quelques défauts, c'est-à-dire des mots mal lus, ou d'une lecture incertaine, ou laissés en blanc. M. Kervyn de Lettenhove, en le reproduisant dans son édition de Froissart (t. XVIII, 413-433), a corrigé, de sa seule autorité, à ce qu'il semble, et non d'après une autre copie, les détails qui lui ont paru douteux ou inexacts.

Le nouveau texte que nous donnons ici est celui du manuscrit de Poitiers, collationné sur le manuscrit français 2875 de la Bibliothèque Nationale. Sans parler des corrections de détail, nous avons pu ajouter, après l'article 6 du traité, un passage qui manque dans le manuscrit de Poitiers et rétablir, à l'article 20, un autre passage inintelligible[2].

« Ceste endenture temoingne les poincts et articles par- lez et traictiez à Londres, entre les consaulx[3] des deux Roys, parmi quelz bon acort et paix perpetuelle se prendront entre les deux Roys et les Royaulmes de France et d'An-

---

1. Lettre de M. Lecointre-Dupont (7 juillet 1887).

2. Nous adressons ici nos remercîments, pour les renseignements. qu'ils ont bien voulu nous donner, à M. Lièvre, à M. Ferd. Hérold, élève de l'Ecole des Chartes, et surtout à M. M. Prou et M. H. Sée, professeur agrégé d'histoire au lycée de Poitiers, qui a relu et collationné notre texte avec le soin le plus minutieux.

3. Le duc Louis II de Bourbon (voyez ci-dessous, p. 22, n. 3) et le prince Noir, ou prince de Galles, Edouard, fils aîné d'Edouard III.

gleterre; par ainsi toutefois que tous les dicts poincts et
articles soient en tous leurs poincts, formes et condicions,
et, comme il sont compris en yceulz et en chascun d'eulz, en
ses lieux et dedens les termes establis en iceulz et qui demouront encore à establir, réelment et de faict, sans fraude
et sans mal engien, parfaiz et acomplis, sans faillir en nul
poinct. Et, au cas que aucune deffaucte se feist en aucun
poinct des choses soubz escriptes, par quoy elles ne fussent
parfaictement accomplies d'une part et d'autre, que tout ce
qui est compris en ceste endenture soit cassé, irrité, vein,
nul et de nul effect, force, ne vertu, ne pourra onques
proufiter ne dommagier, en nul temps, aux parties devant
dictes.

1. « Premièrement, le roy d'Angleterre [1], avec touttes les
terres, païs et lieux lesquieux il tient à présent en la duché
de Guyenne et en Gascoigne, aura et tendra entièrement et
perpétuelement, à lui et à tous ses hoirs et successeurs, les
duchez, contez, citez, diocèses, chasteaux, villes, forteresses, terres, païs, isles et lieux, et touttes les aultres
choses dessoubz escriptes :
C'est assavoir la cité et le chastel de Sainctes, et touttes
les diocèse, terre et païs de Sainctonge, par deçà et par
delà la Charrante ; — la cité et le chastel d'Angolesme et
toutte la conté, terre, diocèse et le païs d'Engolesmois ; —
la cité et le chastel de Poictiers, et toute la conté, diocèse,
terre et païs de Poictou ; — la cité et le chastel de Limoges
et toutte la diocèse, terre et le païs de Limosin ; — la cité
et le chastel de Caours, et entièrement toutte la diocèse,
terre et le païs de Caoursin ; — la cité et le chastel de
Pierregueux et toutte la diocèse, terre et le païs de Per-
regort ; — la cité et le chastel et toutte la diocèse de Tarbe,

1. Il n'est pas inutile de faire observer qu'Edouard III ne prend
plus ici le titre de roi de France, qu'il s'était arrogé depuis le commencement de la guerre de Cent ans.

et entièrement toute la conté de Bigorre ; — la conté et tout le païs de Gaure[1] ; — la cité et le chastel de Agen et toutte la diocèse, terre et païs de Agenoys, ensamblement avecques toutes les terres, chasteaux, païs et lieux lesquelz la dicte partie de France tient en Gascoingne et es païs dessus nommez et en toutes leurs appartenances et appendances quelsconques.

2. Item, aura le dit Roy d'Angleterre la cité et le chastel de Tours en Touraine et entièrement toutte la duchié et la conté, diocèses, terres, païs et lieux de Touraine, comme les dictes duchiés, conté, diocèse et le païs s'estendent ;

3. Item, la cité et le chastel de Angers ; la cité et le chastel du Mans ; entièrement les conté, diocèse, terres, païs et liex de Anjou et du Maine ;

4. Item, toute la duchié de Normandie, entièrement avecques touttes les cités, chasteaux, diocèses, terres, païs et lieux de mesme la duchié[2], avecques touttes ses appartenances et appendances quesconques.

5. Item, aura le dit le Roy d'Angleterre la conté de Pontieu[3] entièrement, avecques touttes les terres, villes, chasteaux, forteresses et lieux de mesme la conté ; ensamblement avecques, la ville, chastel et viconté de Monstereul-sur-la-Mer, avecques touttes ses appartenances, prouffictz et emolumens ; ensemblement, avecques les prouffictz, les droic-

---

1. Gaure, ou Gorre, ou Gavre, comté faisant partie de l'Armagnac et dont la capitale était la petite ville de Fleurance, située sur le Gers, entre Auch et Lectoure. Ce comté avait été donné, par le roi Jean II, en 1354, à Jean I d'Armagnac (Anselme, III, 416).

2. C.-à-d. « la mesme duchié », construction fréquente à cette époque.

3. Pays situé entre la Somme et la Canche, dans la basse Picardie, et qui avait pour capitale Abbeville.

tures lesquelz les Roys d'Angleterre souloient avoir en iceulz
en aucuns temps; et pourra le Roy françoys muer les ressors
des terres et païs qui lui demourront en la pais faisant, et
souloient ressortir à la dicte ville de Monstereul, ailleurs
en son povoir, là où il lui plaira.

6. Item, aura le dit Roy d'Angleterre la ville et le chastel
de Calais, et toutte la terre et le païs environ dedens les
bondes[1] desoubz escriptes, avecques les chasteaux et villes
de Mer, Oye, Colne, Sandgate et Wale[2], avecques toutes
les autres terres, villes, chasteaux, forteresces, homes[3], seigneuries, patronages, et advoesons des eglises et homaiges,
services, rentes, prouffiz, forès, bois, marès, rivières, layes
et étangs[4], et lieux entregisans et toutes autres appartenances et appendances d'icelles, dedans mesmes les bondes,
à tenir tant en demaine, ou à en autrement ordenner à sa
franchise et volenté; et sont les dites bondes de Caïays
avalant par la costière de la mer jusques au fil de la rivière
par devant Gravelinges[5], et ainsi montant par le fil de mesme
la rivière tout autour Langle[6] et ainsi par la rivière qui va

1. Bondes, comme bandes, frontières.
2. *Mercq* dans le ms. 2875. Marck, à l'E. de Calais, c. de Calais.
Oye, à l'E. de Marck, c. d'Audruick, arr. de Saint-Omer. Colne dans
le ms. 2875, au-dessus de *Coulogne* effacé. Coulogne, ville au S.-E.
de Calais, c. de Calais. Sangatte, c. de Calais. Wale, probablement
Le Wal, commune de Landrethun-lès-Ardres, c. d'Ardres, arr. de
Saint-Omer.
3. *honneurs* dans le man. fr. 2875. Les variantes marquées en ita-
liques sont empruntées à ce même manuscrit, qui en présente d'ailleurs beaucoup d'autres. On a choisi celles qui ont paru le plus utiles
à l'intelligence du texte.
4. *lacs et eaues.*
5. Gravelines, arr. de Dunkerque.
6. Le pays de l'Angle, ou de Langle, entre Saint-Omer et Gravelines, devait son nom à un coude de l'Aa (voy. Kervyn de Lett.,
édit. de *Froissart*, t. XXV, p. 5, et la carte de l'Artois, t. XXIV,
p. 38).

par delà Poille[1], et ainsi de mesme cette rivière qui chiet ou
la grant lay de Guynes[2], et ainsi tant que à Fretin[3], avecques
Fretin et toutes ses appartenances, et discuet[4] par la valée
entour la montaigne de Callhuille[5] enclosant mesme la
montagne, et ainsi tant que en la mer, et ainsi montant par
la costière de la mer jusques[6] à Calais.

7. Item[7], [le dit Roy d'Engleterre aura la ville, le chastel
et entièrement toute la conté de Guisnes, avecques toutes les
terres, villes, chasteaux, forteresses et lieux et toutes ses
appartenances et deppendances ensemblement avecques
tous les honneurs, hommages, seigneuries et droictures
d'icelles, aussi entièrement comme le conte de Guisnes der-
renièrement mort les tint à sa vie[8].]

8. Item, le Roy d'Angleterre aura la ville et le chastel et
entièrement toute la conté de Bouloigne, avecques toutes
les terres, villes, chasteaux, forteresses, lieux, homes,
homaiges, seignouries, droictures, appartenances et appendances d'icelle, aussi entièrement comme la royne de France
qui ores est, les tient, ou son père, conte de Boulongne les
tint au jour qu'il mourut[9].

---

1. Le Poil, ou Polder, cours d'eau passant à Walle et à Marck
(Kervyn de Lett., ibid.).

2. *siet en la grant laes*... Guines, arr. de Boulogne.

3. Frethun, c. de Calais.

4. *et d'illec.*

5. Coquelles, au S.-E. de Calais, c. de Calais.

6. *tant que.*

7. Cet article, donné par le man. fr. 2875, manque dans le man.
de Poitiers. Il est reproduit dans l'art. 5 du traité de Bretigny.

8. Raoul de Brienne, comte d'Eu et de Guines, connét. de France.
Captif en Angleterre, puis accusé de félonie, il fut condamné à mort
et exécuté le 19 novembre 1350 (Anselme, VI, 161).

9. Il s'agit ici de Jeanne, fille de Guillaume XII, comte d'Auvergne
et de Boulogne, deuxième femme du roi Jean II, qu'elle épousa le
19 février 1350 (Anselme, I, 106, 109).

9. Item, aura ledit Roy d'Angleterre toutes les isles appar-
tenantes à les terres, païs et lieux avant distz ou aucunes
d'icelles, ensamblement avecques les autres isles de mer que
le dit Roy d'Angleterre, ou aucun de ses ancestres il[1] tindrent devant les guerres comenciées, ensamblement avecques
toutes les isles lesquelles il tient à présent.

10. Item, aura le dit Roy d'Angleterre toutes les duchiés,
contés, cités, diocèses, chasteaux, terres, païs, isles et liex
avant nommez, avecques toutes leurs droictures, homaiges,
seignouries, hommes[2], mer et mixt empire[3], et toutes
manières de jurisdictions haultes et basses, souverainetez,
fiez, services, ressors, villes, chasteaux, forteresses, patro-
naiges et avoesons des églises, et toutes leurs aultres appartenances [et appendances][4] d'ancien temps, en quel part qu'il
soient, tant dehors les mectes et bondes des avant dictz
duchez, contez, citez, diocèses, chasteaux, terres, pays,
isles et liex comme dedens, et tant ès dictes isles comme
ailleurs, aussi entièrement comme elles onques furent et
comme [elles oncques] aucun de ses ancestres Roys d'Angleterre les tindrent, depuis le temps de la corronation du
roy Richart en ençà; ensamblement avecques toutes les
aultres terres, païs, chasteaux, forteresses, citez, villes,
lieux et seignories quelconques que le Roy françoys tint
dedens les mectes et bondes des duchez, contez, citez, diocèses, chasteaux, terres, païs, isles et liex avant nommez, lesquiex ne furent onques à aucun Roy d'Angleterre en domaine
et souveraineté ne service, aussi entierement et par la manière
que le susdit Roy françoys les tint le jour de la bataille de

1. *y*.
2. *honneurs*.
3. Par merum et mixtum imperium (mer et mixte empire) on entend
ordinairement, la haute et basse justice (La Curne, VII, 340. Du Cange,
Glossarium, III, 774).
4. Les mots entre crochets dans le texte sont empruntés au man.
fr. 2875.

Poictiers, qui fut le dix et noviesme jour de septembre, l'an de grâce mil trois cens cinquante et six ; si que le dict Roy françois, ne nul Roy de France, ou temps avenir, ne aucun aultre aiant tiltre, couleur de droit ou cause riens ne tiendront ne pourront riens demander dedans les bondes des païs, terres et liex avant nommez ; mais tout [ce] entierement sera baillée et demourra au Roy d'Angleterre perpetuelement, c'est assavoir ce que en demaine en demaine et ce que en fié en fié, et ce que en souveraineté en souveraineté, sauf tant que par amont est escript en l'article de Calays et de ses appartenances, par especial se demorge[1] en sa force.

11. Item, se il y a aucunes contez, vicontez, citez, villes, chasteaux, forteresces, terres et liex establis en lointain pais hors les meetes et bondes des avant dictes duchez, contez, diocèses, terres, païs, lieux et isles qui estoient en aucun temps appartenans et appendens aux devant dictes terres, païs et liex qui seront bailliez au Roy d'Angleterre par cest traictié, le Roy françois, si lui plaira, dedens un certain jour, qui ad ce sera limité, fera, pour telles appartenances et appendances lointaines, souffisante recompensacion au dit Roy d'Angleterre, à ses hoirs, ou à leurs depputez especiaulx en ceste partie, des citez, villes, chasteaux, forteresces, terres, païs et liex, convenablement, au plus près des dictes terres et liex qui demourront audict Roy d'Angleterre, comme il pourra et dont ledict Roy d'Angleterre en soit content.

12. Item, pour les chasteaux, citez, villes, terres, païs et lieux lesquiex ledict Roy françois doit baillier au Roy d'Angleterre en demaine, par force de ce présent traictié, comme devant est dict, il fera deue compensacion à tous iceux ausquelx les dictes terres seront tolues et ostées, en bonne foy

---

1. demeure.

et en peril de sa conscience ; de quele recompensacion faire
le Roy d'Angleterre ne sera de riens tenu ne chargiez.

13. ITEM, ceulz[1] des dictes duchez, contez, citez [chasteaux],
diocèses, terres, païs, villes, isles et lieux, souverainetez,
seignories, droiz, mer et mixt empire, juridicions, rentes
[et] proufictz quelconques qui furent appartenans et appen-
dans d'iceux, ou qui furent du demaine, ou que tenoit le
dict Roy Richart, ou aucun aultre emprès[2] luy Roy d'Angleterre, comme appartenances et appendances des duchez,
contez, citez, diocèses, terres, païs, et liex avant nommez,
tant dehors leurs mectes et bondes dessusdiz comme dedens, aucunes aliénacions, obligacions, ou charges, ou
donnacions quelconques ont esté faictes par aucuns des Roys
de France qui ont esté depuis pour le temps et depuis le
temps dudict Roy Richart ençà, en quelconque forme ou
teneneur de paroles, ou manière que ce soit, toutes telles
donnacions, aliénacions, obligacions et charges seront du
tout rappellées, irritées, annullées, cassées, dampnées [et]
destruictz, dedens un certain terme qui sera accordé entre
les parties, et pour dampnées et destruictes reputées à
tous jours ; et toutes choses ainsi données, allienées, obli-
gées et chargées seront entièrement, dedens le dict terme,
bailliez et livrez au dict Roy d'Angleterre, ou à ses deputez
en celle partie, à tenir à luy et à tous ses hoirs et successeurs,
en la manière et forme par dessus escripte, forpris ceulz[3] des
devant diz duchié de Normandie et des terres lesquelles les
Roys d'Angleterre tindrent en la duché, conté et visconté
de Touraine, et aussi des contez de Anjou, du Maine et de
Pontieu il y avoit aucune chose par partaiges faictes par les
Roys d'Angleterre, ou par autres dux, contes ou viscontes
des dicts païs avant ce mesme [que] les païs vindrent premièrement au Roy d'Angleterre, transportez aux autres, la-

1. *se*. Dans cette phrase, « ceulz » n'a pas de sens.
2. *après*.
3. *se*.

dicte partie de France ne sera pas tenuz de restablir cela au
Roy d'Angleterre; et, ce[1] riens des appartenances et appendances des dicts païs qui sont devenus aux Roys de France
a esté alliéné par les Roys d'Angleterre premièrement
aux autres que aux Roys de France, ou aux Roys d'Angleterre directement, par eschange des aultres terres, et le Roy
d'Angleterre ne veuille pas prendre[2] ce qu'il en a receu par
eschange, que aussy ladicte partie de France ne sera pas
tenuz de restablir cela au Roy d'Angleterre, mais bien sera
tenuz de le oster[3] de sa main et les bailler, ou donner, à
aucun qui sera vassal du Roy d'Angleterre, et, pour ce, li en
fera homaige et les autres devoirs qui appartiennent; mais
ce[4] ledict Roy d'Angleterre veust rendre les terres prises et
eschangez[5], ou ce[6] aucune chose appartenante au dit[7] païs
leur soit osté, tolu, donné ou aliéné par le Roy de France
qui ont esté, ce li[8] sera entièrement rendu et establi[9] en la
manière que dessus est dit.

14. ITEM, se ès duchiez et païs de Normandie, de Touraine
ou ès contez d'Anjou, du Maine, de Bouloigne et de Monstereul il y avoit aucunes terres, qui n'estoient oncques des
demaines des avant dictz duchié et contez, acquises par les
Roys de France, ou leur soient venus par partaiges, ou par
confiscacions, ou aultrement[10] par les Roys d'Angleterre, ledict Roy françois ne sera pas tenuz les bailler au Roy d'Angleterre, mais les baillera et donra à qui il lui plaira, dedens

1. *se.*
2. *rendre.* « Prendre » ne se comprend pas.
3. *les oster tout.*
4. *se.*
5. *en eschange.*
6. *se.*
7. *aus diz.*
8. *tout luy.*
9. *restably.*
10. aultrement *que.*

un certain terme qui sera accordé, que len[1] en fera au Roy
d'Angleterre les homaiges et les autres devoirs acoustumez;
forspris les chasteaux, villes, terres et seignories qui furent
à Monseigneur Godefroy de Harecourt ou duché de Normandie, lesquieulz demourront, par espécial, en heritage
au Roy d'Angleterre[2].

15. ITEM, là où ès avant diz articles de ce présent[3] est
parlé et faicte mencion des deocèses, soit ainsi par tout[4]
entendu que tous les archesvesques, evesques et autres prelatz de saincte Eglise qui jà sont, ou pour le temps seront,
des citez, deoceses, duchiés, contez, villes, chasteaux, terres,
païs, isles, lieux avant nommez, ou d'aultres citez, deocèses,
terres, isles et lieux quelconques, pour cause de leurs temporalitez, seront subgiez du Roy d'Angleterre et de ses hoirs,
ou cas que leurs citez, dyoceses ou temporalitez seroient
tout entièrement assises dedans les duchez, contez, villes,
chasteaux, terres, païs, lieux et seignouries et leurs appartenances, qui seront baillées et demourront audict Roy d'Angleterre, comme dessus est dit; et se lesdiz archevesques ou
evesques[5], dyoceses, citez, ou temporalitez se estendoient
ou estoient assis en partie en autre duchié, conté ou seignorie qui ne sera pas baillée, ne demourera audict Roy
d'Angleterre, mais demourra audict Roy françois, ou à

1. *qui en fera.*
2. Godefroy de Harecourt, mort le 11 nov. 1356, avait légué tous
ses biens à Edouard III (L. Delisle, *Hist. du château et des sires de
Saint-Sauveur-le-Vicomte*. Paris, 1867, in-8°, p. 49, 87-88. Anselme,
V, 130. De la Roque, *Hist. généalog. de la maison de Harcourt*, I, 356,
IV, 1143 et s.). Le 24 octobre 1360, Jean le Bon, par deux actes particuliers, autorisa Edouard III à disposer de tous les biens qui avaient
appartenu à God. de Harcourt. Ils furent donnés à Chandos (Kervyn de
L., édit. de *Froissart*, t. XVIII, 273, t. XX, p. 520. L. Delisle, ouvrage
cité, p. 49-114).
3. présent *traicté.*
4. par *tous.*
5. *archeveschez, eveschez.*

autre seigneur de sa[1] obeissance, lesdictz archevesques,
evesques et aultres prélatz seront subgiects du Roy d'Angleterre et de ses hoirs, pour tant que il tiendront dedans
sa seignorie; et, pour tant qu'il[2] tendront en la seigneurie
de France[3] ou d'aultre de son obeissance, ilz seront leurs
subgiectz.

16. Item, le[dict] Roy françois rendra et baillera, bailler
et rendre fera, dedens un certain temps qui sera accordé,
touttes les avant dictz duchiés, contez, citez, dyocèses, villes,
chasteaux, forteresses, terres, païs, isles et lieux, et toutes
les aultres droictures et seignories avant nommées et plaine
et paisible possession et saisine d'iceux, et en mesmes l'estas[4]
qui sont à present, audit Roy d'Angleterre et à ses hoirs, ou
à ses deputez; et toutes les autres et singulieres choses qui
à luy appartiennent à faire par cest présent traictié il accom-
plira et accomplir fera entierement et de fait, aux propres
frais et coustages de mesme le Roy françois;

Sauf tant que, ce[5] ledict Roy françois, ou ses gens, pour
faire delivrance des avans diz païs, terres et lieux, ou aucuns
d'iceux, requeroient les seneschaux, juges, ou autres officiers establis[6] de par le Roy d'Angleterre, de faict[7] de justice, sans armes, et pour faire commandemens aux aucuns
de vuider et laisser les possessions des terres, chasteaux,
citez, pais et lieux qui seront baillez audict Roy d'Angleterre, ledit Roy francois ne leur sera tenuz de paier les frais
et coustanges[8]; mais, se il convenoit procéder de faict et
venir armée, les[9] gens dudict Roi d'Angleterre y deussent

1. *ou aultres seigneurs de son.*
2. *comme il.*
3. *de la partie de France.*
4. *l'estat.*
5. *se.*
6. establis ou *pais.*
7. *pour* faict.
8. de paier *frais ne coustages.*
9. *et les.*

venir, à la requeste de ladicte partie de France, ou de ses
gens, lors il leur fera paier gages convenables, en venant,
demourant et retournant ; c'est assavoir à chascun chevalier
un florin de Florence[1] le jour ; à chacun escuier demi florin
et aux aultres au feur[2] advenant ; et se, par aventure, lesdiz
gaiges ne fussent souffizans, eu[3] regard au marchié des
vivres et autres nécessaires en celles parties, adonques seront esleuz deux chevaliers de l'une partie et deux de l'autre,
qui en ordeneront, sur ce que leur gaiges soient ainsy accreuz
que leur souffise, et d'icelles soient bien et prestement paiez,
avant leur departir de leur païs, en alant à l'aide de ladicte
partie de France.

17. Item, aura ledict Roy d'Angleterre, dedens certain
terme qui sera accordé, la entière souveraineté de toute
la duché de Bretaigne et de touttes ses appartenances et
appendances quelconques ; ladite souveraineté li demourra
et à tous ses hoirs et successeurs, perpetuellement ; et sur
la question et débat qui est de ladicte duché entre Monseigneur Jehan de Montfort[4], d'une part, et Monseigneur
Charles de Bloys[5] d'autre, chascune desdictes parties, dedens
certain terme qui sera accordé, eslira six personnes qui ne
seront ne juges ne abitres entre les parties, ne auront sur
ce aucun povoir, mais jureront sur le corps de nostre Seigneur de prendre bonne et loyal informacion et au miex
qu'ilz pourront, du droit des parties à ladicte duchié, et sur
cela s'efforceront de mectre lesdictes parties à accord par
amiable traictié ; se il ne le peuvent faire, il rapporteront
loyaulment ce[6] qu'il en auront trouvé par ladicte informa-

---

1. Le florin de Florence valait 24 s. t.

2. *Feur*, prix.

3. *et* eu.

4. Jean IV, fils de ce Jean de Montfort qui avait commencé,
en 1341, la guerre de la succession de Bretagne (Anselme, I, 452).

5. Fils de Guy Ier de Châtillon, comte de Blois, et de Marg. de
Valois.

6. *tout* ce.

cion, dedans un certain terme qui sera accordé, aux quatres
personnes qui seront esleuz par les deux Roys, aussi dedens
un certain terme ; lesquelles iiii personnes seront semblablement jurées de donner sur ce bon et loial jugement [et sen-
tence] selon droict et la coustume de Bretaigne et selon ce
que il leur sera rapporté par les douze personnes avant dictes ;
et ce, dedans un certain terme qui aussi leur sera limité ; ou
autrement, de mectre les parties à accord, dedans mesme le
terme, par amiable traictié, se il se peust faire [1] ; et, ou cas
qu'il ne le feront dedens ledit terme assigné, dès lors lesdictes parties principaulz et de Montfort et de Blois vendront
devant le Roy d'Angleterre, comme devant seigneur souverain, et prendront finable jugement et sentence de lui sur
tout le debat et question devant dictes ; et le Roy d'Angleterre, avant que il procède à donner jugement et sentence,
il promectra au Roy francoys que [2] en fera sur ce egal droict
aus parties devant dictes, selon droit et la coustume de
Bretaigne ; et, se aucunes desdites parties ne se veulent
accorder aus avant dictes choses, que adonques les deux
Roys seront encontre luy, en quanques il pourront et en l'aide
de l'autre partie ; et, comment que avieigne de ladicte
question, monseigneur Jehan de Montfort sera entierement restably en la conté de Montfort et à [3] toutes ses
appartenances et à touz ses autres héritages ou royaume
de France, comme cellui qui est adhérent et alié du Roy
d'Angleterre, dedens un certain terme qui sera accordé, en
faisant les homaiges et les devoirs qui appartiennent audit
Roy françois et aux autres seigneurs desquielx les terres
sont tenues.

18. Item, tous les gens de devant dictz duchez, contez,
citez, diocèses, païs et liex demourront en leurs libertez et
franchises anciennes, qui ne sont mie contraires à l'acort des

1. *si le pourront faire.*
2. que *il.*
3. *en.*

Roys ; et leur seront confirmées lesdictes franchises et libertez par le Roy d'Angleterre, toutes fois que mestier sera, et toutes fois que il requerront.

19. ITEM, le dit Roy françois et son ainsné filz, pour eulz et pour leurs hoirs, et pour tous les Rois de France et leurs successeurs à tousjours, dedans certain terme qui sera accordé, rendront et bailleront audit Roy d'Angleterre et à tous ses hoirs et successeurs, et transporteront en eulz toutes leurs honneurs, régalitez, obediences, homaiges, ligeances, vassaux, fiez, services, recongnoissances, sermens, droictures, mer et mixt empire et toutes manieres de juridictions hautes et basses, ressortz, et sauvegardes et toutes manieres de seignories et souverainetez qui appartiennent, ou pourront, en aucune maniere, appartenir au Roy et à la couronne de France, ou à aucun autre personne du monde, en quelconque temps, en les duchez de Guyenne, de Gascoingne, de Normandie, de Touraine et de Bretagne, et en toutes les citez, contez, terres, païs, diocèses, yslles et liex avant nommez, ou en aucun de leur, ou en les personnes, vassaux, tenans ou subgez quelzconques d'icelluy, soient il princes, dux, marchis, contes, archevesques, evesques, ou aultres prélatz d'église, vicontes, barons, nobles ou aultres quelconques, sans riens à euls, leurs hoirs et successeurs, ou à la couronne de France, ou à autre qui[1] ce soit retenir en icelles personnes, duchez, citez, contez, deoceses, terres, païs, illes et lieux par quoy ilz, leurs hoirs et successeurs, ou autres Roys de France, ou autres qui que ce soit, aucune chose il porront clamer, ou calanger[2], ou demander ou temps à avenir sur le Roy d'Angleterre, ses hoirs ou successeurs, ou sur aucun des vassaux et subgieetz avant ditz ; yssint que[3] toutes les avant nommez personnes seront hommes luiges

1. *que.*
2. Chalanger, chalangier, calanger, *revendiquer, réclamer en justice.*
3. *ainsi* que.

et subgiectz au Roy d'Angleterre et à touz ses hoirs et successeurs heritamment et à tousjours; et que ledit Roy d'Angleterre, ses hoirs et successeurs toutes les personnes,
duchez, contez, citez, dioceses, villes, chasteaux, terres,
païs, illes et liex avant nommez tendront et auront, et à eulz
demourront perpetuellement, plenement et franchement en
leur seignories, souveraineté, obeissance, ligeance et subjection et en mesme la manière comme les Roys de France
les avoient et tenoient en aucun temps passé; et que ledit
Roy d'Angleterre, ses hoirs et successeurs auront et tendront
perpetuellement tous les autres dictz[1] duchez, contez, citez,
dioceses, villes, chasteaux, personnes, païs, terres, isles et
lieux et tous les autres choses dessus nommées, de tous frans
et en liberté perpétuelle, comme seigneurs souverains et
liéges et comme voisins aus Roys, aus[2] royaume de France,
sans y recognoistre souverain, ou faire aucune obedience,
homaige, souveraineté, ressort ou subjection, sans[3] faire, en
aucun temps, aucun service ou recognoissance à la couronne
et aux Roys de France, ou à aucune autre personne du
monde, pour les avant dictz duchez, contez, citez, villes,
diocèses, chasteaux, personnes, terres, païs, isles et lieux
avant nommez, ou pour aucune d'icelles ou temps advenir[4];
et, ceste chose faicte et afermée, renoncera le Roy d'Angleterre au nom, à la couronne, au[5] royaume de France si
avant comme il demourra au Roy françois parmi ce traictié,
et à tout ce qu'il doit renoncer; et aussi fera son aisné filz
renoncer, par toutes les meilleurs manieres que se pourra
faire, pour eulz, leurs hoirs et successeurs, par l'accord des
consaux d'une part et d'autre, sans nul prejudice du Roy
d'Angleterre ou de ses hoirs ou droit de toutes les terres,

1. *avant* dictz.
2. *et*.
3. *et* sans.
4. Cf. l'art. 11 du traité de Brétigny dans sa forme primitive. Voyez
ci-dessous, Appendice I.
5. *et* au.

E. COSNEAU. *Les grands traités.* 2

pais et aultres choses quelconques quil li[1] seront baillées ou qui lui demourront par le présent accord.

20. ITEM, ladicte liberté et toutes les donacions ès devant dictz articles contenus, en touttes[2] aultres choses qui se feront au Roy d'Angleterre, parmi le pais[3] faisant, ladicte partie de France, dedens certain terme qui sera accordé, donnera, garantira et affermera, donner, garantir et affermer fera, par maniere et forme que èsdictz articles est compris et aussi en la meilleure, plus solennel et seure manière et forme, et par touttes les voies que l'en saura devisier et que le Roy d'Angleterre et son conseil voudront et sauront assigner, ordener et declarer, tant par voies et seurete de Sainte église et de la court de Romme, comme par les pers, princes, ducs, prelatz, contes, barons, nobles et toute la comune du royaume de France et par toutes autres manieres et formes que l'en pourra raisonnablement devisier; et samblablement, selon la nature du fait, seront faictes les seuretez par le Roy d'Angleterre.

21. ITEM, est parlé que le dit Roy françois, pour le rançon et delivrance de sa personne et de autres prisonniers françois, payera audict Roy d'Angleterre, ou à ses hoirs, ou aiant cause de lui, quatre millions de deniers d'or à l'escu, chascun au prix de quarante deux flourins d'or[4], dont accordé

---

1. *qui luy*.
2. *et* touttes.
3. C.-à-d. la paix.
4. Le manusc. fr. 2875 porte, au lieu de quarante-deux flourins d'or, ces mots « *xl deniers d'esterlins* ». Les textes de MM. Lecointre-D. et Kervyn de L. donnent ici « quatre millions de deniers d'or à l'écu, chacun ou prix de quarante deux flourins d'or », leçon qu'il est impossible d'expliquer, tandis que celle du manuscrit fr. 2875, f° 39, est très compréhensible. En effet, il est dit plus loin que trois millions desdits écus font 500,000 livres d'esterlins, calcul qui est exact, si on évalue l'écu à 40 deniers d'esterlins. La valeur intrinsèque de quatre millions de deniers d'or à l'écu était de 46,510,189 francs en

est[1] que ledict Roy françois payera en la cité de Londres
trois millions des dicts escus, qui font cincq cens mil livres
d'estellins, desquelz il payera, dedens le premier jour
d'Aost prochain avenir, cent mil livres d'estellins, ou monnoie d'or ou d'argent à la value, et le demourant aux termes
qui seront accordez entre les consaulx des deux Roys,
dedens la feste de la nativité Saint Jehan Baptiste[2] desore
prochain ensuivant; et du quart milion rendra[3] lors le Roy
d'Angleterre au Roy françois tant que il li debvra suffire.

22. Item, pour plus grant seureté de faire le paiement
desdictes sommes et effectulle[4] accomplissement de toutes
les choses par devant et desoubz nommées, ledit Roy françois fera rendre, livrer et bailler de fait audict Roy d'Angleterre, à ses hoirs ou à leurs deputez, et dedens ledit premier
jour d'Aost, les citez, chasteaux, villes et forteresses desoubz
nommées, et en mesme l'estat que il sont au jour présent,
ensamblement avecques toutes les personnes nobles[5] non
nobles, homaiges, seignories, souverainetez, proufictz, esmolumens et toutes manieres de juridictions hautes et basses,
avecques touttes leurs aultres appartenances et appendances,
sans riens y retenir à lui ou à nul autre; ensamblement
avecques toutes les vitailles et artillerie qui seront trouvées
dedens mesmes les chasteaux et forteresses, par paiant pour
mesmes les victailles et artillerie[6] comme pourra estre
resonnablement accordé entre les gens d'une part et d'autre
qui ad ce seront deputez. Et, ou cas que lesdicts chasteaux

1359. A la même époque, l'écu valait vingt sous t., ou une livre t. et le
florin 24 sous (Note de M. M. Prou. Voy. De Saulcy, *Histoire moné-*
taire de Jean le Bon, roi de France, p. 83).

  1. dont *accord* est.

  2. C'est-à-dire le 24 juin.

  3. *respondera.*

  4. *effective.*

  5. *et* non nobles.

  6. Ce mot n'avait pas un sens aussi restreint qu'aujourd'hui. Voy.
Du Cange, *Glossarium*, I, 422.

[et forteresses] ne seront [adoncques] souffisamment victaillés, ledict Roy françois et ses gens en aideront aux gens du Roy d'Angleterre, en bonne foy et sans fraude ou malengien, que lesdicts chasteaux [et] forteresses soient souffisamment victaillés et garnis de vivres, par paiant en maniere que dessus est dict; et aussi ledit Roy françoys, par ses lectres, scellées de son grant seel, ouvertes, vues, ou plusieurs qui seront baillées audit Roy d'Angleterre dedens la feste de la nativité Saint Jehan Baptiste prochain avenir, mandera et comandera expressement à toutes les gens de meismes les citez, chasteaux, villes [et] forteresses de leurs appartenances, de quelque estat, degré, ou condicions que ilz soient, que ilz et chascun de leur[1] facent les homaiges, seremens, subjections, et autres devoirs audit Roy d'Angleterre, ou à ses deputez especiaux, et à eulz obeissent et entendent comme à leur souverain seigneur et lige. Et néantmoins, [par mesmes] ses lectres, il quictera et absoudra mesmes les gens de toutes homaiges, seremens, obligacions, obeissances, ligeances et subjections que il ont fait ou doivent au Roy ou à la[2] couronne de France, en aucun temps; si que lesdictes gens, ne aucuns de leur[3], ne pourront james estre empeschez ou domaigez pour celle cause, par les Roys de France, ne par autre qui que se soit; et seront lesdictes lectres faictes au mielx qui se pourra faire et comme les conssaux des deux Roys en voudront ordener; et, ou cas que lesdictes gens, ou aucuns de leur[4], ne voudront faire audit Roy d'Angleterre, ou à ses deputez lesdiz homaiges, seremens et obeissances, pourtant ne se pourra depecier le traictié, mais ledict Roy françois promectra loyaument que, au plus tost que il vendra par delà, en son pouvoir, il en fera tant que lesdictz homaiges, services, obeissances, sermens, subjections et debvoirs seront faitz audit Roy d'Angleterre, ou à ses

1. chacun *d'eux*.
2. *et* à la.
3. ne aucuns *d'eux*.
4. ou aucuns *d'eux*.

deputez, en maniere que dessus est dit. Et ce fera dedans
un certain terme qui ad ce sera establi pour la cité, le chastel
et touttes les forteresses de Rouan, la ville et [le] chastel
de Caen, la ville et le chastel de Gisors[1], la cité et le chastel
de Baieux, la ville et le chastel de Faloise, et la ville et le
chastel de Saint-Lou, la ville et le chastel de Vernon[2],
la ville et le chastel de Pont de Larche[3], le chastel de
Chastelgaillart[4], le chastel de Goulet[5], le chastel de Bon-
neville sur Touque[6], la ville et le chastel de Bretoille, le
chastel de Conches[7], la ville et le chastel de Vire, le chastel d'Arque[8], le chastel de Molinneux[9], la cité, le chastel et
toutes les forteresses de Tours en Touraine, la ville, le
chastel et touttes les forteresses de La Rochelle[10], la ville, le
chastel, les forteresses et toutte la conté de Bouloingne, la
ville, le chastel et toutte la seignourie de Monstereul sur
la mer.

23. Et livrera et baillera aussi ledit Roy françois audit
Roy d'Angleterre, et à ses hoirs, ou à leurs deputtez, en
ladicte cité de Londres et dedens le premier jour d'aost
prochain avenir, diz seigneurs en hostaige, desquex ces
sont les noms : le conte d'Anjou[11], messire Philippe de

1. Arr. des Andelys.
2. Arr. d'Evreux.
3. Arr. de Louviers.
4. Arr. des Andelys, près du Petit-Andely et de la Seine.
5. Goulet, hameau sur la rive g. de la Seine, au N. de Vernon.
6. Bonneville-s-Touques, c. de Pont-l'Evêque. On y voit encore
les ruines de ce vieux château.
7. Bretcuil et Conches, arr. d'Evreux.
8. C. d'Offranville, arr. de Dieppe.
9. Moulineaux, c. de Grand-Couronne, arr. de Rouen, près de la
Seine et de la forêt de la Londe. On y voit encore les ruines de ce
château.
10. Il est à remarquer qu'il n'a pas été question, auparavant, de
cette ville.
11. Louis I d'Anjou, second fils du roi Jean II, qui lui avait donné
le comté d'Anjou en 1356 (Anselme, I, 227).

France [1], le duc d'Orliens [2], le duc de Bourbon [3], le conte de Roussi [4], le sire de Saint-Venant [5], le sire de Montmorency [6], le sire de Meullent [7], le sire de Garenceires [8], le sire de Hangest [9]. Et aussi ledict Roy françois, dedens trois mois prochains, après ce quil sera arrivé par dela la mer en son povoir, il donnera et fera donner et bailler realement et de faict, en ladicte cité de Londres, et par la cause dessusdicte, audit Roy d'Angleterre, ou à ses hoirs, ou à leurs deputez especiaux en celle partie v aultres seigneurs qui demoureront en Angleterre avecques tous les autres hostaiges, tant que la [10] perfection et acomplissement de toutes les choses devant dictes, dont ce sont les noms : le conte d'Estampes [11], messire Jehan de Bouloingne, le

1. Philippe, 4e fils de Jean II, qui fut comte, puis duc de Touraine, et, plus tard, duc de Bourgogne, né le 15 janvier 1342, mort le 27 avril 1404.

2. Philippe d'Orléans, 5e fils du roi Philippe VI; né le 1er juillet 1336, mort le 1er septembre 1375.

3. Louis II, né en 1337, mort en 1410, fils de Pierre I, duc de Bourbon. Voyez ci-dessus, p. 3, n. 3.

4. Simon, comte de Roucy et de Braisne, grand maître des eaux et forêts.

5. Robert de Saint-Venant, qui avait été gouverneur du jeune comte de Flandre, Louis de Male. C'est à lui que Jean II, avant la bataille de Poitiers, avait confié la garde du dauphin Charles (Kervyn de L., *Froissart*, XXIII, 86-87).

6. Charles de Montmorency, qui négocia, l'année suivante, le traité de Bretigny, et alla volontairement en otage à Londres (A. Du Chesne, *Hist. généal. de la maison de Montmorency et de Laval*, p. 198 et s.).

7. Raoul de Meulant, baron de Courseulles (Anselme, II, 467).

8. Yon ou Yvon de Garancières, mort avant 1362, en Angleterre (*Trésor généal.* de D. Villevieille, XLII, fo 47 vo 48, à la Bib. nat).

9. Jean de Hangest, dit Rabache ou Rabace, capit. de Poitou et Saintonge, capit. d'Auxerre. Il mourut en Angleterre, en 1363 (Clairambault, LI, fo 4353 (à la Bibl. nat.). — D. Villevieille, XLVI, fo 37 vo, à l'année 1348. — Anselme, VI, 739).

10. tant que *à*.

11. Le comte d'Etampes était alors Louis, fils aîné de Charles, comte d'Evreux et de Marie d'Espagne, mais il est probable qu'on a voulu

conte de Saint-Poul[1], le sire d'Andresel[2] et ie baron d'Ivry.

24. ITEM, des prisonniers lesquieux s'en iront avec le Roy françoys, à son departir, et lesquiex demourront prisonniers et hostaiges pour le Roy françois et aussi de la maniere de leur demeure et de toutes autres choses touchanz celle matière sera parlée et accordée dedens la faicte Saint Jehan-Baptiste prouchain avenir.

25. ITEM, se aucun desdiz seigneurs, après ce que ilz seront baillez en hostaige audict Roy d'Angleterre, dévient ou en san[3] partent du povoir ledit Roy, ou de ses gens et de ses hoirs, sans avoir especial congié par leurs lectres pendentes scellez de leur scel, le Roy françoys donnera autres, ou lieu des defaillans, aussi souffisans de terres et de rentes, ou[4] au plus près la noblesse du sant, comme il pourra, et dont ledit Roy d'Angleterre et ses hoirs en seront contens, dedens deulz mois prochain, après ce que le cappitaine de Sainct-Omer ou d'Amiens, sur ce, par bouche, ou par lectres, de par ledict Roy d'Angleterre, ou ses hoirs, en sera garnis.

26. ITEM, du fait touchant le Roy de Navarre sera parlé et accordé entre les deux Roys, après le retour des messaiges, dedens ladicte faicte de Saint Jehan-Baptiste; et toutesvoies est accordé que, ou cas que ledit Roy de Navarre vouldroit empescher, ou destourber, par lui ou par autres, les choses qui sont et seront accordées entre les deux Roys, ou ne vouldroit prendre deue recompensacion

désiguer ici son frère Jean, comme à la fin du traité de Bretigny. (Voy. ci-dessous, p. 67.)

1. Guy II de Châtillon, comte de Saint-Pol. Il mourut, non pas à la bataille de Crécy, comme le dit Froissart, mais en Angleterre, en 1360 (Kervyn de L., *Froissart*, XXIII, 75. Anselme, III, 723).

2. Jean d'Andresel, chambellan du roi de France. Il resta captif jusqu'en mai 1363.

3. ou *s'en*.

4. *et*.

pour les choses qui seront baillées du sien au Roy d'Angleterre, pour cest traictié[1], ou ne vouldroit venir à obeissance du Roy françois, le Roy d'Angleterre, comme alliez du Roy françois, sera tenus de aider au Roy françois, et estre pour lui contre ledict Roy de Navarre[2].

27. Item, ledict Roy françois rendra et fera rendre et restablir de fait à Monseigneur Philippe de Navarre[3] et à tous ses adhérens et appartenans, dedens un certain temps qui sera accordé, toutes les villes, chasteaux, forteresses, seignories, droitz, rentes, prouffiz, jurisdictions et liex quelconques, que ledict Monseigneur Philippe de Navarre, tant pour cause de lui comme pour cause de sa fame[4], ou sesdits adhérens, tindrent, ou doivent tenir ou royaume de France; et ne leur fera james ladicte partie reproche ne empeschement, pour aucune chose faicte avant ses heures[5], et leur pardonra toutes offences et mesprise du temps passé, pour cause de la guerre; et sur ce auront ses letres bonnes et souffisantes, si que ledit monsieur Philippe et ses avantdis adhérens retournent en son homaige il[6] lui facent les devoirs et lui soient bons et loyaulz vassaux.

28. Item, tous ceux qui sont deshéritez d'une part et d'autre, ou ostés de leurs terres et heritaiges par occasion de ceste présente guerre, seront, dedens un certain terme qui sera accordé, restablis entièrement aux mesmes liex et

---

1. *par ce traicté.*

2. Au commencement de 1359, les cardinaux de Périgord et d'Urgel avaient essayé en vain de faire conclure la paix entre le régent et le roi de Navarre, Charles II, dit le Mauvais. Toutefois la paix fut signée au mois d'août 1359 entre les deux rois (*Gr. Chron.* VI, 146, 155 et suiv., et ci-dessus, p. 1-2).

3. Philippe de Navarre, comte de Longueville, frère de Charles II le Mauvais, roi de Navarre (Anselme, I, 452).

4. Yolande de Flandre, mariée à Philippe de Navarre, en 1352.

5. *ces* heures.

6. *et.*

terres, possessions, heritaiges et droiz qu'il avoient devant ladicte guerre commenciée ; et toutes manières de forfaitures treppas[1], mesprises ou offenses faiz par aucuns d'eulx, en leur moyen[2] temps, et, par la susdicte cause, leur seront du tout pardonnez ; et seront en mesme l'estat quil seroient, se nulle guerre n'eust esté, excepté ce qui est des terres de Normandie, de Bretaigne, [de Touraine], d'Anjou, du Maine, [de Boullongne], de Monstereul, qui demourra en sa force.

29. ITEM, les exploiz aucunes besoingnes[3] touchans le Roy et le royaume d'Angleterre, en la court de Romme, messagers seront envoiés en ladicte court, d'une part et d'aultre, qui feront toute bonne et loyalle diligence, [et] au miex qu'il pourront à l'exploit de mesmes les besoingnes ; et toutesfois a esté dit et ouvertement de par le Roy d'Angleterre protesté, et est oultrement son intencion que le pais[4] ne se pourra jamais faire entre les Roys, sinon que mesmes les besoingnes soient parfaictement exploitées.

30. ITEM, tous les subjiectz du Roy d'Angleterre, tant Anglois comme autres, de quelconque nation qu'il soient, qui veullent estudier en l'Université de Paris, auront maismes les priviléges et autres droitures que il avoient illecques avant les guerres commenciées.

31. ITEM, toutes les personnes de quelque estat, degré ou condicion que il soient, qui demourront subjiectz au Roy d'Angleterre, par ce présent traictié, seront, par ladicte partie de France, et au miex qu'il ce[5] pourra faire, dedens un certain terme qui sera accordé, absoubz et quictes de leurs

1. Excès, abus.
2. *en le moien* temps.
3. *pour l'exploit d'aucun besongnes.*
4. *la* pais.
5. *se.*

homaiges, feaulz[1], seremens, ligeances, obligacions et subrep-
cions[2] quiexconques que il ont fait ou doivent, en aucune
manière, à ladicte partie, ou aux Roys ou à la couronne de
France ; et de riens ne leur seront tenuz ne obligez pour
celles causes, mais demourcront vassaux, subjectz et hommes
lieges dudit Roy d'Angleterre et de ses hoirs et successeurs
et par la manière que dessus est dit ; et, à maismes le temps,
commandera expressément ledict Roy françois qu'il facent
et jurent les homaiges, feaultez, sermens[3] et devoirs audit
Roy d'Angleterre, ou à ses députez espéciaux, et lui obéis-
sent comme à leur seigneur souverain contre touz les gens
du monde.

32. ITEM, ledict Roy françois fera certefier souffisament
ledit Roy d'Angleterre et son conseil, en la cité de Londres
et dedens la feste de Penthecoste prochain avenir, se il
pourra planièrement parfaire et accomplir toutes les choses
devant dictes comme par amont sont expressées, ou non ; et
s'il les pourra parfaire, tous les seigneurs de France, tant
prinsonniers comme autres, qui lors seront en Angleterre,
feront audit Roy d'Angleterre, dedens le premier jour d'aost
prochain avenir, leurs homaiges et feaultez, pour les terres,
chasteaulz et lieux que il tiennent et tendront dedens les
duchiez, contez, citez, dioceses, chasteaulz, terres, païs, illes
et lieux qui demourcront audit Roy d'Angleterre, par force
de ce présent traicté, et lors ledit Roy françois leur commandera expressement de ce faire.

33. ITEM, des aliances de Escoce et de Flandres [sera
parlé] et finablement accordé, dedens la Nativité Saint Jehan
Baptiste prochain.

34. ITEM, ledit Roy françois, pour lui come pour ses hoirs

1. *feautez* (comme ci-dessous).
2. *subjections.*
3. *services.*

et successeurs, et pour tous les hoirs[1] de France donnera et fera audict Roy d'Angleterre, et à tous ses hoirs et successeurs, souffisante garrantie, surté et caucion, dedens un certain terme qui sera accordé, [et] en la meilleur et plus seure manière que l'en saura devisier, que jamais debat, empeschement ne emoccion ne se feront audit Roy d'Angleterre, à ses hoirs ne subcesseurs par quelconques personnes, ne par quelconque cause, tiltre, ou couleur, pour les duchiez, contez, citez, dioceses, terres, pais, chasteaux, forteresces, villes, illes, liex et autres choses surnommées, ne sur aucunes d'icelles ; et, se tel empeschement, debat, ou emoccion[2] avendroit, ladicte partie, ses hoirs, et les Roys de France qui seront pour le temps, seront tenus de les oster, à touz leur pooir, et lesdictes terres, pais et lieux restablir et garantir audict Roy d'Angleterre et à ses hoirs, et à tenir paisiblement et à tousjours, et en manière que dessus est dict.

35. Item, ledict Roy de France fera bailler, rendre et restablir de fait audict Roy d'Angleterre et à ses hoirs[3], en la cité de Londres, dedens certain terme qui sera accordé, entre[4] les lectres et munimens[5] faiz et données par aucun des Roys d'Angleterre, en quelconque fourme ou teneur de paroles, à ladicte partie, ou aux Roys de France sur les donnacions, translacions, alienacions et quictacions de les duchez de Normendie, de Touraine et des contez d'Anjou et du Maine et d'aucuns des chasteaulz, citez, villes, terres et païs, isles et liex devant nommez ; et seront aussi, dedens ledit terme, par ladicte partie de France cassés et dampnez maismes les lectres et touttes autres de celle matière qui ne se pourront trouver, et aussi tous les arrès, procès, senten-

1. *roys.*
2. *eviccion.*
3. *gens.*
4. *touttes.*
5. Titres, documents, pièces justificatives.

ces [et] jugemens donnez, prononciez ou fait par les Roys ou la
court de France encontre ledit Roy d'Angleterre, ou aucun
de ses ancestres, par quelconques cause ou couleur, en
quelconque manière ; et aussi toutes forfaictures et paines
encourues et commises en celle partie, et toutes obligacions
pecunieres faictes aux Roys de France par les Roys d'Angleterre, ou daues[1] de Guyenne, deconques[2] teneur ou forme
de paroles relaisiées et quictiées, plainement à touzjours.

36. ITEM, nul homme, citée, ville, chastel ne[3] païs qui
a esté en l'obeissance de l'une partie et qui vendra, parmi
ce traicté, à l'obeissance de l'aultre partie ne soit reprouchée
ne empeschée ou domaigée pour aucun cope[4], offence, ou
autre chose faicte en aulcun temps [passé].

37. ITEM, de la reparacion du chastel de Xainctes sera
parlé dedens dicte faicte de Sainct-Jehan-Baptiste.

38. ITEM, pour tenir et garder perpetuellement la pais et
accord qui se prendront entre les Roys, parmi la perfection et
effectuel accomplissement de toutes les choses devandictes,
seront faites alliances entre lesdicts Roys, leurs subjectz et
les royaumes d'Angleterre et de France, et autres seuretez,
d'une part et d'autre, les meilleurs et les plus fortes que
l'en pourra et saura ordener, à honeur desdicts Roys ; et
seront sur ce lectres faictes toutes et telles, en latin et en
françois et si souvent escriptes et scellées come il pourra
prouficter et plaire auxdiz Roys et à leurs conseulz.

39. ITEM, le Roy françois demourra loyal prisonnier dudit
Roy d'Angleterre et de ses hoirs, en quelqueconques parts
que il soit, et comme loyal prisonnier se portera ; ne ne se

1. *ducz.*
2. *de quelconque.*
3. *de le.*
4. *coulpe.*

armera, ne armer pourra[1] encontre ledit Roy d'Angleterre, ses hoirs, ne aucuns de leurs subjiectz, aidans, bienveillans, ne adhérens, tant que toutes les choses dessus dictes soient parfaites et accomplies. Et, ou cas que ledit Roy françois defaillist de parfaire mesme les choses, en tout ou en partie, aux liex [et] dedens les termes establis et à establir, il retournera emprison dudit Roy d'Angleterre et de ses hoirs, en la cité de Londres, en la maniere que sera parlé et accordé entre les deulz conseulz, dedens ladicte faicte Sainct Jehan Baptiste prochain avenir.

40. ITEM, la restitucion et rendue des terres, chasteaux et forteresses prins et occupez par le Roy d'Angleterre, ses alliés ou subgez, depuis le commencement des guerres, ès parties qui demourront au Roy françois, sera fait en la maniere que sera accordé à ladicte faiste de Sainct Jehan ; et aussi sera lors parlé et accordé la fourme comment, les choses parfaites et accomplies que ledit Roy françois doit faire avant son partir, le corps d'icellui Roy sera mis au royaume de France en son pooir, et des seurtés que ledit Roy de France demande de delivrer ses hostaiges, tout le traictié parfait et accompli, et de la restitucion et delivrance des terres, rentes et revenues appartenans aux eglises du royaume de France ou royaume d'Angleterre, et aussi de l'article touchant maistre Pierre de La Batut[2], et par la meilleure maniere que il pourra estre fait par les conssaulx d'une part et d'autre.

41. ITEM, accordé est entre les deux Roys et leurs conseulz que cestes endentures seront rendus et restablis de fait, d'une part et d'autre, sans fraude et sans malengien en la cité de Londres, et dedens la dicte faicte de Penthecoste

---

1. *ne armes portera.*
2. Pierre de La Batut prétendait que le château de Mirabel (c. de Caussade, Tarn, arr. de Montauban), réclamé par J. Chandos au roi de France, lui appartenait (Kervyn de L., *Froissart*, XVIII, 468).

prochain avenir, ne [ne] seront copie ne exemple fiez[1] soubz scel autenticque, ne instrument publiq, ne par aucune auctorité; et, se elles estoient copiées ou exemplefiées, se[2] ne pourra oncques porter domaige, deshonneur, ne prejudice, ne proufit à l'une partie ne à lautre, ne à nul aultre du monde, ainz celle copie et exemple soit du tout cassé, et vain, et de nulle force, effect ou vertu, ne ne pourra donner foy ne créance en jugement, ne dehors, ne par nulle maniere.

42. ITEM, sont baillez les dessusdits poinz et articles, et tout ce qui est compris en ceste endentures par expresse condicion et protestacion faicte d'une part et d'autre d'ajouster, corriger, desclairer, changier et appeticier[3] et toutes contrarietez oster, se nulles y sont, sans muer la substance.

43. ITEM, tous les termes dedens lesquiex seront parfaiz et accomplis toutes les devant dictes choses, d'une part et d'autre, et dont est fait mencion ès devantdiz articles que[4] demourront encores à establir, et aussi tous les aultres articles pardessus compris qui ne sont mie parfaictement accordez, seront establis [et] accordez à un certain terme[5] dedens la feste de la Nativité [de] Saint Jehan Baptiste prochain avenir; et, ou cas que lesdiz termes ne fussent establis en certain, et toutes [les] autres choses subdictes[6] accordées dedens la dicte feste de Saint Jehan, par maniere que dessus est dict, tout ce qui est compris en ce traictié soit de nulle force, effect, ne vertu.

44. ITEM, expressement est accordé entre lesdiz Roys et

---

1. *copiées ne exemplifiées.*
2. *ce.*
3. *especifier.*
4. *qui.*
5. *en certain temps.*
6. *susdictes.*

leurs conseulz que toutes les autres parlances et traictiés
faites et eues entre eulz et leurs conssaux, en Angleterre et
ailleurs, sur la pais et l'acort faire entre lesdiz Roys, et
toutes les escriptures onc faictes, se nulle y soient faictes,
sauf ce traictié présent, qui demourra par maniere que
dessus est compris, soient nulles et vueudes [1], et de tout per-
dent leur force, effet et vertu, ne ne puissent porter domaige,
deshonneur, prejudice ne prouffit à l'une partie ne à l'autre,
en temps avenir, en quelconque maniere.

45. ITEM, est dict [et] expressement protesté en cest
escript par lesdits Roys et leurs conseulz, que, se l'un des
Roys ou l'autre deffaille de accomplir et de parfaire toutes et
sangles les choses avantdictes, par fourme et maniere et aux
liex et termes comprises en cestes présentes endentures, que,
pour non accomplissant et deffaillir [2] d'aucun des avanz diz
poinz et articles, tout cest présent traictié et quant qu'est [3]
compris en cestes lectres et au quant qu'en [4] pourra suivre,
soit desdict, irrit, cassé, vain et nul, pour nul reputé et du
tout parde sa force, effect et vertu; ne l'une partie, ne
l'autre, ne autre que ce soit, en pourra prendre, ne avoir
action [5], ne avantaige quelconque, par cause dudict traictié;
et lesdicts Roys demourent en leur première et plaine
liberté; et tous leurs droicts leur soient si avant sauvez et
leur demourent entierement, comme se rien n'en eust esté [6]
parlé·ne traictié des choses avantdictes, et sans ce que rien
pourra estre soubzmis, chalangé, ne reproché, en aucun
temps avenir, à l'une partie ne à l'autre.

En tesmoing desquelles choses en cestes lectres endentées,

1. *vaines.*
2. *accomplissement et deffaillie.*
3. et quant *que* est.
4. *et aussi quanques en.*
5. *occasion.*
6. *n'eust* esté.

demorant dans ladicte partie de France, le Roy d'Angleterre
a fait mectre son scel privé.

Donné en la cité de Londres, le xxiiii° jour de mars [1], l'an
de la Nativité Nostre Seigneur, l'an mil trois cens cinquante
et neuf [2].

Et au dos est escript : La grant endenture du traicté faict
en Angleterre en 1359.

1. Voy. *Notes et docum. relat. à Jean, roi de France, et à sa captivité en Angleterre*, publiés par le duc d'Aumale, p. 113; ou Kervyn de
Lettenh. *Froissart*, XVIII, 413.

2. En Angleterre, on faisait quelquefois commencer l'année au
25 décembre (c.-à-d. à Noël). Voy., ci-dessous, la trêve de 1444.

II.

TRAITÉ CONCLU A BRÉTIGNY LE 8 MAI 1360

RATIFIÉ A CALAIS PAR JEAN II ET ÉDOUARD III

LE 24 OCTOBRE 1360

Quand le traité de Londres eut été rejeté, le roi d'Angleterre, avec son fils, le prince de Galles, et son cousin, le duc de Lancastre [1], passa en France (novembre 1359) et marcha sur Reims, puis sur Paris. Il s'établit à Montlhéry le 31 mars 1360. Alors, les pourparlers recommencèrent. Il semble évident que les négociateurs anglais voulurent s'écarter *le moins possible des conditions inscrites dans le traité de Londres*.

Le 1er avril, Jean II donna pleins pouvoirs à son fils aîné, Charles, duc de Normandie et régent du royaume, pour traiter avec Edouard III [2]. Le légat du pape Innocent VI, Simon de Langres, maître des frères prêcheurs, fit décider l'ouverture d'une conférence, qui eut lieu à Longjumeau, le vendredi-saint, 3 avril. Elle n'eut aucun résultat, Edouard III ne voulant pas renoncer au titre de roi de France. Ensuite, les Anglais se rapprochèrent de Paris et vinrent occuper Châtillon, Issy, Vanves, Vaugirard, Gentilly.

Le vendredi 10 avril, un autre légat du pape, Androuin de La Roche, abbé de Cluny, obtint la reprise des négociations. Elles ne réussirent pas mieux. Deux jours après, Edouard III décampa, sans avoir eu l'occasion de combattre, et se dirigea vers la Beauce, en ravageant tout sur son passage. L'abbé de Cluny décida encore *Edouard III et le régent à engager de nouveaux* pourparlers. Les délégués français et anglais se réunirent d'abord à Chartres, le 27 avril, puis dans un hameau voisin de cette ville, à Brétigny. Outre l'abbé de Cluny, Simon de Langres, et un autre envoyé du pape, Hugues de Genève, seigneur d'Anthon (qui ne figurent pas parmi les signataires du traité), les principaux délégués du régent étaient Jean de Dormans, évêque de Beauvais, chancelier du dauphin, et son frère, Guillaume de Dormans [3], maître Etienne de Paris, chanoine, Pierre de La Charité, chantre de l'église de Paris, Jean d'Augereau, doyen de Chartres,

---

1. Henri de Lancastre, comte de Derby et premier duc de Lancastre, qui mourut en 1361, aïeul maternel de Henri IV de Lancastre, roi d'Angleterre (Dugdale, *Baronage of England*, I, 784 et s.).

2. D. Martène, *Thesaurus anecd.*, I, 1422.

3. Jean de Dormans devint chancelier de France en 1361. Guillaume de Dormans fut chancelier du Dauphiné en 1364 et chancelier de France après son frère, en 1371 (Anselme, VI, 332, 336. — Abraham

Jean Le Maingre, dit Boucicaut[1], Charles de Montmorency[2], Jean Des Mares[3], avocat au parlement, Jean Maillart[4], bourgeois de Paris, etc.

Ceux du prince de Galles étaient le duc de Lancastre (qui contribua beaucoup à la conclusion de la paix), les comtes de Northumberland, de Warwick, de Stafford, de Salisbury, Jean, captal de Buch, Jean Chandos, etc.

Après une semaine de discussions (du 1er au 8 mai), ils signèrent, le vendredi 8 mai 1360, une trêve[5] qui devait durer jusqu'à la Saint-Michel de l'année suivante, et le traité dit de Brétigny, confirmé et juré par le régent à Paris, le 10 mai[6] et par le prince de Galles à Louviers, le 15 et le 16 mai[7]. Ce traité fut ensuite ratifié par Edouard III, le 25 mai, s'il faut en croire Froissart[8], puis par les deux rois de France et d'Angleterre, à la tour de Londres, le dimanche 14 juin[9].

Jean II fut conduit d'Angleterre à Calais, le mercredi 8 juillet, par le prince de Galles. Le régent Charles arriva peu après[10]. Quand le roi de France fut en état de payer le premier terme de sa rançon[11], Edouard III vint aussi à Calais, le vendredi 9 octobre.

Tessereau, *Hist. chronol. de la grande chancellerie de France*, Paris, 1770, in-fol., I, 22 et s.).

1. J. Le Maingre, dit Boucicaut I, maréchal de France, mort en 1368 (Anselme, VI, 753).

2. Voyez ci-dessus, l'art. 23 du traité de Londres (notes).

3. Jean Des Mares, ou Desmarest, prévôt des marchands en 1359, avocat général au parlement. Il fut décapité le 27 janvier 1383.

4. Jean Maillart, bourgeois de Paris, qui avait tué Marcel, le 31 juillet 1358.

5. On la trouve dans les *Gr. Chron.* (VI, 202-211) et dans Rymer, III, i, 201, avec la date du 7 mai, dans D. Martène (*Thes. anecd.*, I, 1423) avec la date du 8 mai.

6. *Gr. Chron.*, VI, 200-201, 212-213.

7. Le prince de Galles jura solennellement le traité dans l'église Notre-Dame de Louviers, le 15 mai (*Gr. Chron.*, VI, 213-214), et le confirma le 16 (p. 201-202).

8. *Froissart*, éd. S. Luce, VI, 5-17; édit. Kervyn de L., VI, 282-290.

9. *Gr. Chron.*, VI, 215. *Thes. anecd.*, I, 1427. S. Luce, *Froissart*, VI, p. v, note 1. Le même jour Jean promet de rester loyal prisonnier (*Thes. anecd.*, I, 1426).

10. Le régent partit de Paris le 12 juillet pour Calais. Le 24 août, Edouard III donne au prince de Galles pouvoir de traiter, composer, transiger sur tout ce qui était compris dans le traité de Brétigny (Rymer, III, i, 214).

11. Voy. ci-dessous, p. 47, n. 4.

C'est là que le traité de Brétigny, revu et corrigé, fut ratifié
définitivement et juré par les deux rois et par leurs fils aînés,
le samedi 24 octobre 1360.

Le même jour, ils conclurent plusieurs conventions relatives
à l'exécution du traité, notamment celles qu'on nomme les
chartes de renonciations, puis Edouard III abandonna officiel-
lement le titre de roi de France, qu'il portait depuis 1337.

Le dimanche 25 octobre, Jean II fut mis en liberté. Il quitta
aussitôt Calais pour se rendre, avec le prince de Galles, à Boulogne, où était le régent Charles, duc de Normandie. Le 26 octobre, il y ratifia de nouveau le traité de Brétigny, que jurèrent
encore une fois le duc de Normandie et le prince de Galles.
Enfin, Jean II renouvela ses renonciations et fit un traité d'amitié
et d'alliance avec Edouard III. Le prince de Galles repartit
ensuite pour Calais (26 octobre).

Ainsi fut négocié, conclu et ratifié, après bien des pourparlers,
le fameux traité de Brétigny. Afin d'en assurer l'exécution et
d'éviter les difficultés prévues, on multiplia les précautions les
plus minutieuses : promesses réitérées, conventions particulières
sur chaque clause importante, serments les plus solennels[1]. Partout se trahit une défiance réciproque ; nulle garantie ne paraît
assez sûre ; chacune des deux parties contractantes réserve con-
ditionnellement ses droits. Peut-être le futur Charles V son-
geait-il à se ménager les moyens d'éluder plus tard des engage-
ments trop ruineux[2].

Les principaux actes diplomatiques relatifs au traité de Brétigny peuvent être classés sous deux titres : 1° le traité ; 2° les
renonciations.

I. — LE TRAITÉ.

On peut distinguer deux rédactions principales du traité : celles
du 8 mai et du 24 octobre.

1° Le traité conclu le 8 mai, à *Brétigny,* entre les plénipotentiaires du régent et ceux du prince de Galles, est la base de
toutes les conventions postérieures. Rymer (III, pars I, 202-209)

---

1. Voy. ci-dessous, art. 33, 35 du traité.

2. Sur les détails relatifs à la conclusion du traité de Brétigny,
voy. *Froissart,* éd. S. Luce, VI ; éd. Kervyn de L., VI ; XXI, 316 et s.
Grandes Chroniques, VI. S. Luce, *Chron. des quatre premiers Valois.*
A. et E. Molinier, *Chron. normande du* XIVe *siècle* (Soc. de l'Hist. de
France, 1882). Douët d'Arcq, *Comptes de l'Argenterie des rois de
France au* XIVe *siècle* (Soc. de l'Hist. de France, 1851), p. 193-275.
Walsingham, *Hist. anglicana,* I. Rymer, *Fœdera,* III. D. Martène,
Thesaurus anecd., I, etc.

reproduit le texte français et latin du traité conclu au nom de
Charles, duc de Normandie, régent de France [1]. D'autres lettres
du traité de Brétigny données à Louviers, le 16 mai, par le
prince de Galles [2], ne diffèrent des précédentes que par les formules du commencement et de la fin. Le nombre et la teneur
des articles sont exactement les mêmes. Il n'y a donc pas là deux
textes différents [3].

2° Le traité du 24 octobre est le traité du 8 mai, corrigé et
ratifié par les deux rois à *Calais,* comme il avait été convenu [4]
par l'article 37. Il reproduit presque textuellement le traité de
Brétigny, sans même effacer certaines dispositions devenues
inutiles, comme le nouvel article 12, qui stipulait que Jean II
serait amené d'Angleterre à Calais. Ce traité *définitif* du 24
octobre est le seul qui fasse foi, le seul qui ait eu force obliga-
toire entre les deux parties [5].

Le principal changement apporté au traité du 8 mai consiste

---

1. On trouve aussi dans J. Du Mont, *Corps diplom.,* II, 7 et s., ce
document (avec plusieurs autres qui se rattachent au traité de Brétigny). Voy., en outre, Leibniz, *Codex juris gentium,* I, 208 et s., et
Walsingham, *Hist. anglic.,* I, 290 et s.

2. *Gr. Chron.,* VI, 175-200. Ces lettres ne sont pas dans Rymer.
Elles sont suivies des attestations de J. Branquette et de Nic. de
Veyre, « notaires publicques de l'autorité du pape ».

3. Froissart a inséré dans sa *Chronique* d'autres lettres qui auraient
été données par le roi d'Angleterre à Brétigny le 25 mai. Or,
Edouard III était revenu en Angleterre le lundi 18 mai. Il faut peut-
être lire le 15, au lieu du 25, en supposant une erreur de copiste,
car Froissart dit que des envoyés portèrent le traité à Paris, au
régent, qui l'approuva, et revinrent ensuite le présenter au roi d'Angleterre, près de Chartres. On ne sait où le chroniqueur a pris le
texte de ce traité, qui ne paraît avoir aucun caractère authentique, à
moins que ce ne soit dans une de ces copies dont il parle (éd. S. Luce,
VI, 239, variantes) et qui furent remises à plusieurs seigneurs. Quoi
qu'il en soit, on peut dire que le texte inséré par Froissart, avec la
date inexacte du 25 mai, diffère de ceux du 8 mai et du 24 octobre. Il
est, en partie, conforme à la première des *Chartes des renonciations*
données par Edouard III, mais, contrairement à cette charte, il
contient un résumé de l'article 12 du traité du 8 mai et les dispositions concernant les otages, la délivrance de Jean II, de son fils
Philippe et de Jacques de Bourbon (voy. *Froissart,* éd. S. Luce, VI,
5-17, 18, 21-22; éd. Kervyn de L., VI, 282-290. Rymer, III, 1, 209).

4. Voy. ci-dessous l'art. 37 du traité.

5. Voy. ci-dessous l'art. 36 du traité.

dans la suppression de l'article 12 et d'une partie de l'article 11, mais il faut bien remarquer que ces modifications ont une grande importance. Le traité de 1360, qu'on appelle toujours traité de *Brétigny*, pourrait donc s'appeler aussi exactement traité de *Calais*[1].

II. — LES RENONCIATIONS.

Dans le traité du 24 octobre, on avait supprimé, nous venons de le dire, la dernière partie de l'article 11 et l'article 12 tout entier du traité du 8 mai[2]. En exécution de l'article 37[3] et pour remplacer les anciens articles 11 et 12, les deux rois firent, à Calais[4], des promesses et des lettres ou *chartes de renonciations*, datées également du 24 octobre et du 26. Ces documents sont:

1° Une promesse des deux rois d'envoyer à Bruges, à la Saint-André de l'année 1361, les lettres des 12 premiers articles du traité du 8 mai, quand les renonciations et cessions stipulées auront été faites[5];

2° Une promesse des deux rois d'accomplir les cessions de territoires stipulées dans le traité, avant la Saint-Jean-Baptiste, ou, tout au moins, avant la Toussaint de 1361, et d'envoyer leurs lettres de renonciations à Bruges avant l'Assomption, ou la Saint-André[6];

3° Les renonciations definitives des deux rois. Jean II déclare que, pour accomplir le traité, il baille, délivre, délaisse, pour

1. Rymer (t. III, pars II, 3-6) donne d'abord le traité publié au nom de Jean II, puis celui qui fut publié au nom d'Edouard III (p. 6-7). D. Martène (*Thes. anecd.*, I, 1449-1462) donne, avec la date du 26 octobre, le traité du 24 octobre confirmé par Jean à Boulogne.

2. Voy. l'Appendice I, n° 1.

3. Voy. ci-dessous l'art. 37 du traité. Cf. art. 19 et 20 du traité de Londres.

4. Sur les négociations qui eurent lieu à Calais, voy. *Grandes Chroniques*, VI. *Froissart*, édit. S. Luce, VI.

5. Rymer, III, II, 7-8. *Gr. Chron.*, VI, 255-263. On trouve, en outre, dans Rymer (III, II, 9) et dans D. Martène (*Thes. anecd.*, I, 1433-34), des lettres de certains articles du traité de Brétigny jurés par Jean II, puis par Edouard III, *jusqu'à l'article* 11.

6. Rymer, III, II, 10-13. Les lettres d'Edouard III sont semblables, sauf quelques différences peu importantes, à celles qui se trouvent dans les *Grandes Chron.* (VI, 255-263). D'après une pièce du carton J 638 (n° 3ter), le prince de Galles prit le même engagement à Boulogne le 16 octobre. Il y a probablement une erreur de copiste dans cette date (16 pour 26 oct.).

lui, ses hoirs et ses successeurs, les pays et villes cédés par le traité au roi d'Angleterre, en renonçant à tous ses droits sur ces territoires[1]. De son côté, Edouard III fait les mêmes cessions et renonciations en ce qui concerne les pays et villes qui doivent appartenir au roi de France[2]. Ces actes sont également confirmés par les fils aînés des deux rois. Toutefois, si la teneur des lettres de renonciations est ainsi arrêtée dès le 24 et le 26 octobre, il est formellement stipulé qu'elles n'auront d'effet qu'à partir du jour où elles auront été échangées à Bruges, comme il a été convenu.

Il est inutile d'insister sur l'importance de ces clauses. On sait que les renonciations définitives ne furent pas échangées et que ce fut là le prétexte de la reprise des hostilités en 1369[3].

Ces actes sont les plus importants de ceux qui furent annexés au traité du 24 octobre, mais il y en a un grand nombre d'autres (attestation du nonce du pape, formules des serments que doivent prêter les deux rois, lettres d'alliance, etc.), qu'on peut lire dans Rymer (III, II, p. 13 et s.), et dans D. Martène (*Thes anecd.*, I, 1462 et s.).

Parmi les documents ci-dessus indiqués (et il y en a beaucoup d'autres, imprimés ou manuscrits)[4], nous avons pris le traité corrigé à Calais et ratifié par le roi Jean, le 24 octobre, c'est-à-dire le seul qui doive être considéré comme valable[5]. Il a été publié par Rymer (III, pars II, 3-6) et, d'après Rymer, par Du Mont (II, 7 et s.). Nous l'avons collationné sur trois copies authentiques, scellées du grand sceau royal d'Angleterre et qui sont aux Archives nationales, principalement sur celle qui figure au Musée, avec la cote AE III, 13 (J 638, n° 1). C'est le traité ratifié par Edouard III. Il ne diffère de l'autre que par les formules (Edward au lieu de Jehan, etc.), et par les

1. Les lettres de Jean sont datées du 26 octobre, à Boulogne, mais elles ne sont que le duplicata des mêmes lettres données à Calais le 24 oct. comme celles d'Edouard III (Rymer III, II, 15-17. *Thes. anecd.*, I, 1449-1462. Voy. aussi la fin de l'attestation du nonce du pape, dans Rymer, p. 15).

2. Rymer, III, II, 17-19. Cf. les lettres de renonciations insérées par Froissart (édit. S. Luce, VI, 34-46) et l'attestation du nonce du pape (Rymer, III, II, 13-15).

3. Voy. ci-dessous l'Appendice I, n° 2.

4. Rymer, III, pars I, p. 202 et s., pars II. D. Martène, *Thes. anecd.*, I, 1427-1497. Kervyn de L., édit. *de Froissart*, XXI, 316 et s. Champollion-Figeac, *Lettres de rois et reines*, II, 121 et s. Portefeuille De Camps, XLVI, et les manusc. français 2699, 2873-2876, 23592, et le man. lat. 6049, fol. 33 et suiv., à la Bibliothèque nationale. Cartons J 638-642 aux Archives nationales.

5. Voy. ci-dessus p. 36.

noms des seigneurs qui le jurèrent. Les deux autres pièces (carton J 638, n°ˢ 2 et 8, aux Archives nationales) sont des lettres d'Edouard III, datées du 24 octobre et reproduisant le traité du 8 mai.

Il sera utile de comparer le traité du 24 octobre avec celui du 8 mai, avec les chartes des renonciations et aussi avec le traité de Londres. Ce rapprochement peut donner lieu à bien des questions qui ne sont pas sans difficultés. Elles exigeraient même une étude spéciale, que nous n'avons pas à faire ici. Nous avons dû nous borner à quelques notes et à quelques renseignements bibliographiques.

Jehan, par la grace de Dieu, Roy de France[1], sçavoir faisons à tous presens et avenir, que nous avons veu le traittié d'accort, fait n'aguieres, par certains traitteurs et procureurs[2], entre nous et nostre treschier frere le roy d'Angleterre, contenant la fourme qui s'ensuit:

Charles, ainsne filz du roy de France[3], regent le royaume, duc de Normandie et dalphin de Vienne, a tous ceuls, qui ces presentes lettres verront, salut.

Nous vous faisons sçavoir que,

De tous les debas et descors quelconques, meuz et demenez, entre Monsire le roy de France et nous pour lui et pour nous et pour touz ceuls a qu'il appartient, d'une part, et le roy d'Angleterre et touz ceuls a qu'il puet touchier de sa partie, d'autre, pour bien de pais, est accordés le viii jour de May, l'an de grace mill trois cens soixente, à Bretigny de lès Chartres[4], en la maniere qui s'ensuit,

---

1. Dans AE III, 13 (carton J 638, n° 1), il y a : « Edward... roi d'Engleterre, seigneur d'Irlande et d'Aquitaine, etc.»

2. Voir ci-dessus, p. 33-34.

3. Dans AE III, 13 (carton J 638, n° 1) : « Edward, esné filz au noble *Roi de France* et d'Engleterre, prince de Gales, etc. » Cette formule est celle du traité du 8 mai. Dans le traité ratifié par lui le 16 mai, le prince de Galles donne également à son père le titre de roi de France, qu'Edouard ne prend plus dans les actes publiés en son nom (*Gr. Chron.*, VI, 175). Voy. ci-dessus, p. 4, n. 1.

4. Hameau de la commune de Sours, arr. et c. de Chartres.

1. Premierement, que le Roy d'Angleterre, avec ce que il tient en Guienne et en Gascoigne, aura, pour lui et pour ses hoirs, perpetuelment et a touz jours, toutes les choses qui s'ensuivent, à tenir par la manière que le Roy de France et son filz, ou aucun de ses ancestres, Roys de France les tindrent; c'est assavoir, ce que en demaine en demaine et que en fié en fié et par le temps et manière dessus esclarciz,

La citée, le chastel et la conté de Poictiers, et toute la terre et le pais de Poitou, ensamble le fiez de Thouart [1] et la terre de Belleville [2];

La citée et le chastel de Xainctes et toute la terre et le pais de Xaintonge, par deçà et par delà la Charente [3];

La citée et le chastel d'Agen et la terre et le pais d'Agénois;

La citée et le chastel et toute la conté de Pierregort et la terre et le pais de Pierreguis;

La citée et le chastel de Limoges et la terre et le pais de Limousin;

La citée et le chastel de Caours et la terre et le pais de Caourcin;

La citée, le chastel et le pais de Tarbe et la terre, le pais et la conté de Bigorre;

La conté, la terre et le pais de Gaure [4];

La citée et le chastel d'Angolesme et la conté, la terre et le pais d'Angolemois;

La citée et le chastel de Rodes et la terre et le pais de Rouergue [5].

---

1. Thouars, arr. de Bressuire.

2. C. de Beauvoir, arr. de Niort. Le traité de 1359 ne mentionne pas ces fiefs. Ils donnèrent lieu à des contestations (*Gr. Chron.*, VI, 275 et s.; *Thes. anecd.*, I, 1487 et s.; L. Delisle, *Mandements de Charles V*, nᵒˢ 280-82, 324.

3. Le traité donné par *Froissart*, avec la date du 25 mai, indique ici La Rochelle. Voy. ci-dessous l'article 14.

4. V. ci-dessus, p. 5, n. 1.

5. L'Angoumois et le Rouergue ne sont pas mentionnés dans le

Et, se il y a aucuns seigneurs, comme le conte de Fois, le conte de Armignac, le conte de Lisle[1] le conte de Pierregort, le viconte de Limoges, ou autres, qui teignent aucunes terres ou lieux, dedenz les mètes des diz lieux, il feront hommage au Roy d'Angleterre et touz autres services et devoirs deus à cause de leurs terres ou lieux, en la maniere que il ont fait ou temps passé[2].

2. ITEM, aura le Roy d'Angleterre tout ce que le Roy d'Angleterre, ou aucuns des Roys d'Angleterre anciennement, tindrent en la ville de Monstereul sur la mer et ès appartenances.

3. ITEM, aura le roy d'Angleterre toute la conté de Pontieu tout entierement ; sauf et excepté que, se aucunes choses ont esté alienées par lez Roys d'Angleterre, qui ont esté pour le temps, de la dicte conté et appartenances et à autres personnes que aus Roys de France, le Roy de France ne sera pas tenuz de les rendre au Roy d'Angleterre.

Et, se les dictes alienacions ont esté faites aus Rois de France, qui ont esté pour le temps, sanz aucun moien[3], et le Roy de France les tiegne à présent en sa main, il les lessera au Roy d'Angleterre entierement ; excepté que, se les Roys de France les ont euz par eschange à autres terres, le Roy d'Angleterre delivrera au Roy de France ce que on en a eu par eschange, ou il lui laissera les choses ainsi alienées.

Mais, se lez Rois d'Angleterre, qui ont esté pour le temps, en avoient alien ou transporté aucunes choses en autres personnes que ès Roys de France, et depuis soient venues

traité de 1359. Ils donnèrent lieu également à des contestations (*Gr. Chron.*, VI, 275 et s.).

1. L'Isle-Jourdain, arr. de Lombez, Gers.

2. C'est principalement sur cette clause que s'éleva, en 1368, le différend qui amena la rupture du traité (L. Delisle, *Mandements de Charles V*, 477-80, 561, 686).

3. Moiien, ou moien, signifie intermédiaire et aussi réserve.

ès mains du Roy de France, ou aussi par partage, le Roy de France ne sera pas tenuz de les rendre.

Aussi, se les choses dessus dictes doivent hommage, le Roy les baillera à autres, qui en feront hommage au Roy d'Angleterre ; et, s'il ne doivent hommage, le Roy de France baillera un tenant qui lui en fera le devoir, dedans un an prochain, après ce qu'il sera partiz de Calais.

4. Item, le Roy d'Angleterre aura le chastel et la ville de Calais ;

Le chastel et la ville et la seignorie de Merck ;

Les villes, chasteaux et seignories de Sangate, Couloigne, Hames, Walle et Oye,

Avec terres, bois, marois, rivières, rentes, seignories, avoesons d'églises et toutes autres appartenances et lieux entregisans dedans les mètes ou bondes qui s'ensuivent, c'est assavoir :

De Calais jusques au fil de la rivière par devans Gravelingnes,

Et aussi, par mesme le fil de mesme la rivière, tout entour l'Engle,

Et aussi, par la rivière qui va par dela Poil,

Et aussi, par mesme la rivière, qui chiet ou grant lac de Guines, jusques à Fretun,

Et, d'ilec par la vallée, entour la montaigne de Kalkuli, encloant mesme la montaigne,

Et aussi jusques à la mer, avec Sangate et toutes ses appartenances [1].

5. Item, le dit Roi d'Angleterre aura le chastel et la ville et tout entierement la conté de Guines, avec toutes les terres, villes, chasteaulx, forteresces, lieux, hommes, hommages, seignories, bois, forez, droitures d'icelles, aussi

---

1. Pour les noms géographiques compris dans cet article, voir les notes relatives à l'art. 6 du traité de 1359 (ci-dessus p. 6, 7.).

entierement comme le conte de Guines, derrein mort [1], les
tint ou temps de sa mort; et obeiront les eglises et les
bonnes gens estans dedans les limitations du dit conté de
Guines, de Calais et de Merk et des autres lieux dessusdiz,
au Roi d'Angleterre, aussi comme il obeissoient au Roy de
France et au conte de Guines qui fu pour le temps [2].

Toutes les quelles choses de Merk et de Calais, contenues en ce present article et en l'article prochain prece-
dant, le Roy d'Angleterre tendra en demaine, excepté les
héritages des eglises, qui demourront aux dictes eglises
entierement, quelque part qu'il soient assis; et aussi excepté
les héritages des autres gens des pais de Merk et de Calais,
assis hors de la ville de Calais, jusques à la value de cent
livres de terre par an, de la monnoye courant au paiis et
au desouz; lesqueux héritages leur demourront jusques à la
value dessus dicte et au dessouz.

Mais les habitations et héritages assis en la dicte ville de
Calais, avec leurs appartenances, demourront, en demaine,
au Roi d'Angleterre, pour en ordener à sa volenté; et
aussi demourront aus habitanz en la conté, ville et terre de
Guines touz leurs demaines entièrement, et y revendront
plenement; sauf ce que dit est des confrontacions [3], mètes
et bondes en l'article prouchainement precedent.

6. ITEM, est accordé que le Roi d'Angleterre et ses hoirs
auront et tendront toutes les isles adjacens aus terres,
pais et lieux avant nommez, ensamble avecques toutes les
autres isles, les quelx le dit Roi d'Angleterre tient à présent.

1. Voy. ci-dessus, p. 7, n. 8.

2. Le 24 oct. Jean II quitte de leur foi les tenans de Calais, Merck,
Guines et leurs appartenances (*Thes. anecd.*, I, 1444-46).

3. Les *Gr. Chron.* donnent *confortations*, mais il y a bien confrontacions dans AE, III, 13 (J 638, n° 1). Ce mot était employé dans le
sens de frontières (La Curne, IV, 172).

7. ITEM, accordé est que le dit Roy de France et son ainsné filz, le régent, pour eulx et pour touz leurs hoirs et successeurs, au plus tost que l'en pourra, sanz fraude et sanz mal engin, et au plus tard dedenz la feste Saint Michiel, prochainement venant en un an, rendront, bailleront et delivreront au dit Roi d'Angleterre et à touz ses hoirs et successeurs et transporteront en eulx toutes les honneurs, obediences, hommages, ligeances, vasseaulz, fiez, services, recognoissances, droitures, mere et mixte impere et toutes manières de juridiccions hautes et basses, resors, sauves-gardes, advoesons et patronages d'églises [1] et tout le droit qu'il avoient et povoient avoir, appartenoient, appartiennent, ou pevent appartenir, pour quelque cause, titre, ou coleur de droit, à euls, aus Rois et à la coronne de France, pour cause des citées, contés, chasteaulx, villes, terres, pais, isles et lieux avant nommez et de toutez leurs appartenances et appendances, quelque part qu'il soient et chascune d'icelles.

Et aussi manderont le dit Roi et son ainsné filz, par leurs lectres patentes, à touz arcevesques, évesques et autres prélaz de sainte église, et aussi auz contes, viscontes, barons, nobles, citoiens et autres quelconques des citez, contés, terres, pais. isles et lieux avant nommez, qu'il obeissent au Roy d'Angleterre et à ses hoirs, et à leur certain comman-dement, en la manière qu'il ont obéi aus Rois et à la coronne de France; et par mesmes les lectres l'enquicteront et absoldront, au mielx qu'il se pourra faire, des touz hom-mages, foiz, seremenz, obligacions, subjeccions et promesses faiz par aucun d'eulx aus Rois et à la coronne de France en quelque manière.

8. ITEM, accordé est que le Roi d'Angleterre aura les contez, citeez, chasteaux, terres, pais, isles et lieux avant nommez, avec toutes leurs appartenances et appendances, quelque part qu'il soient, à tenir à lui et à tous ses hoirs et

---

1. « Et toutes manières de seigneuries et souverainetés » dans le traité du 8 mai (Rymer, III, I, 203).

successeurs héritablement et perpetuelment, en demaine ce
que les Rois de France y avoient en demaine[1] et aussi en
fiez et service ce que les Roys de France y avoient par tele
manière ; sauf tout que dit est par dessuz en l'article de
Calais et de Merk.

Et, se des citeez, contez, chasteaux, terres, pais, isles et lieux
avant nommés, drois, mere et mixte impere, jurisdiccions
et prouffiz quelconques, que tenoient aucuns Roys d'Angleterre illec et en leurs appartenances et appendences quelconques, aucunes alienacions, donnacions, obligacions ou
charges ont été faictes par aucuns des Rois de France qui
ont esté pour le temps, puis LXX ans ença, par quelque
cause ou fourme que ce soit, toutes teles donacions, aliénacions ou charges sont dès ores et seront du tout rapelées,
cassées et adnullées ; et toutes choses, ainsi données, allié-
nées, ou chargées, seront realment et de fait rendues et
baillées au dit Roy d'Angleterre, ou à ses deputez especial-
ment, en mesme l'entiereté comme il furent aus Rois d'Angleterre, depuis LXX anz ença, au plus tost que l'en pourra,
sanz mal engin et au plus tart dedans la feste Saint Michiel,
prouchainement venant, en un an, à tenir audit roi d'Angleterre et à tous ses hoirs et successeurs, parpetuelment et
heritablement, par maniere que dessus est dit, excepté ce
qui est dit par dessus en l'article de Pontieu[2], qui demourra
en sa force ; et sauf et excepté toutes les choses données et
alliennées aus églises, qui leur demourront paisiblement en
tous les pais et lieux ci dessus et dessouz nommez ; si que
les personnes des dictes eglises prient diligement pour les
diz Rois, comme pour leurs fondeurs ; sur quoi leur cons-
ciences en seront chargiées.

9. ITEM, est accordé que le Roi d'Angleterre toutes les

---

1. « Souveraineté ou ressort » dans le traité du 8 mai (Rymer, III,
I, 203).

2. Voy. ci-dessus, art. 3.

citeez, contez, chasteaux et pais dessuz nommez, qui anciennement n'ont esté des Rois d'Angleterre, aura et tendra, comme le Roi de France, ou ses filz, les tiennent a present.

10. Item, est accordé que se, dedans les mètes des diz pais, qui furent anciennement des Rois d'Angleterre, avoit aucunes choses qui autrefois n'eussent esté des Rois d'Angleterre, dont le Roy de France était en possession le jour de la bataille de Poitiers, qui fut le xix° jour de septembre, l'an mil CCCLVI, elles seront et demourront au Roi d'Angleterre et à ses hoirs, par la maniere que dessus est dit.

11. Item, est accordé que le Roy de France et son ainsnez filz, le régent, pour eulx et pour touz leurs hoirs et pour touz les Rois de France et leurs successeurs, à touz jours, au plustost que se pourra faire, sanz mal engin, et, au plus tart, dedanz la Saint Michiel prochain venant, en un an [1], rendront et bailleront au dit Roi d'Angleterre et à tous ses hoirs et successeurs et transporteront en eulx tous les honneurs, obediences, hommages, ligeances, vassaulx, fiez, services, recognoissances, seremens, droitures, mere et mixte impere et toutes manieres de jurisdictions hautes et basses, sauvegardes, seignories et souverainetés qui appartenoient et appartiennent ou pourroient en aucune manière appartenir au Roi et à la coronne de France, ou à aucune autre personne, à cause du roi et de la coronne de France, en quelque temps, ès citeez, contez, chasteaulx, terres, pais, isles et lieux avant nommés, ou en aucun d'eulx, et en leurs appartenances ou appendences quelconques, ou ès personnes, vassaulx, ou subgiez quelconques d'iceuls [2].

---

1. C'est-à-dire le 29 septembre. On a vu ci-dessus, p. 37, que le terme fixé pour l'échange des renonciations définitives fut reculé jusqu'à la Saint-André, c.-à-d. jusqu'au 30 nov. 1361.

2. Voy. à l'Appendice I, n° 1, la fin de cet article 11 et l'art. 12 du traité du 8 mai, supprimés ici.

12 [1]. ITEM, est accordé, a fin que cest present traictié puisse estre plus briefment accompli que le Roi d'Angleterre fera [2] amener le Roi de France a Calais, dedenz trois sepmaines, après la nativite Saint Jehan Baptiste prouchain venant, cessant tout juste empeschement, aus despens du Roy d'Angleterre, hors les fraiz de l'hostel du dit Roi de France.

13. ITEM, accordé est que le Roi de France paiera au Roi d'Angleterre trois millions d'escuz d'or, dont les deux valent un noble de la monnoie d'Angleterre [3];

Et en seront paiés au dit Roy d'Angleterre, ou à ses deputez, siz cens mille escuz [4] à Calais, dedans quatre mois, à compter depuis que le Roi de France sera venuz à Calais;

Et, dedans l'an delors prouchain ensuivant, en seront paiez quatre cenz mille escuz, tielx comme dessus, en la citée de Londres, en Angleterre, et delors, chascun an prouchein ensuivant, quatre cens mille escus tielx comme devant, en la dicte citée, jusques à tant que les diz iii millions seront parpaiez.

14. ITEM, est accordé que, par paiant les diz siz cens mille escuz à Calais, et par baillant les hostages ci dessouz

---

1. Cet art. 12 est l'art. 13 du traité du 8 mai et ainsi de suite.

2. Cette formule « fera amener » et d'autres semblables, qu'on trouvera plus loin (art. 13, 18 et surtout art. 37, 39) s'expliquent par le traité du 8 mai, dont les termes sont maintenus ici, bien qu'il n'y ait plus lieu d'employer le futur.

3. Voy. l'art. 20 du traité de 1359. D. Martène (*Thes. anecd.*, I, 1432-33) donne une ratification spéciale de cette clause par Jean II. Rymer, III, ii, 22.

4. Voy. *Thes. anecd.*, 1, 1464. Jean II paya 400,000 écus le 24 octobre. Le reste des 600,000 écus ne fut versé qu'en décembre (*Froissart*, éd. S. Luce, VI, xv, n. 1). A cette époque le franc d'or et le denier à l'écu valaient l'un et l'autre une livre t., ou 20 s. t., environ 13 fr. 25, valeur intrinsèque. Le noble est une monnaie d'or qui présente, au droit, l'image du roi portant une épée et un écu, debout dans un vaisseau, et, au revers, une croix fleuronnée, cantonnée de léopards (note de M. Prou).

nommez et delivrant au Roi d'Angleterre, dedans les quatre moys, à compter depuis que le Roy de France sera venuz à Calais, comme dit est, la ville[1], le chastel et les forteresses de la Rochelle, et les chasteaux, forteresces et villes de la conté de Guines, avec toutes les appartenances et appendances, la personne du dit Roi sera toute délivrée de prison; et pourra partir franchement de Calais et venir en son povoir, sanz aucun empeschement; mais il ne se pourra armer, ne ses genz, contre le Roi d'Angleterre, jusques à tant qu'il ait accompli ce qu'il est tenu de faire par ce present traictié.

Et sont hostages, tant prisonniers prins à la bataille de Poitiers, comme autres, qui demourront pour le Roy de France, ceuls qui s'ensuivent; c'est assavoir : Messire Loys, comte d'Anjou[2], Messire Jehan, conte de Poitiers, filz au Roy de France[3], le duc d'Orliens, frère du dit Roy[4], le duc de Bourbon[5], le conte de Blois[6], ou son frère, le conte de Alençon, ou messire Pierre d'Alançon[7], son frère, le conte

---

1. Dans AE, III, 13 (J 638, n° 1), on lit ici : « *le chastel et les forteresses de La Rochelle* », mots que Rymer a évidemment omis après « la ville ». Il est certain que La Rochelle fut cédée aux Anglais par le traité de Brétigny. Elle leur fut livrée le 6 décembre 1360. (Voy. S. Luce, *Froissart*, VI, p. xvii, n. 6. Rymer, III, ii, 10, 12, 28. — *Thes. anecd.*, I, 1441, 1462. *Ordonnances*, III, 431. A. Bardonnet, *Procès verbal de la délivrance à Jean Chandos des places fortes abandonnées par le traité de Brétigny*. Niort, 1867, in-8, p. 143 et s.).

2. Voyez ci-dessus, p. 21, n. 11.

3. Jean, 3e fils de Jean II, né le 30 nov. 1340, mort le 15 juin 1416. Il fut d'abord comte de Poitiers (mai 1356), puis duc de Berry, en 1360 (Anselme, I, 106).

4. Voy. ci-dessus, p. 22, n. 2.

5. Voy. ci-dessus, p. 22, n. 3.

6. Louis II de Châtillon, comte de Blois. Il fut remplacé comme otage par son frère naturel, Guy, et mourut en 1372 (Anselme, VI, 94-97).

7. Charles III, comte d'Alençon, et Pierre, comte d'Alençon après lui, en 1361, tous deux fils de Charles II de Valois, comte d'Alençon et du Perche (frère du roi Philippe VI). Charles III se fit religieux, devint archevêque de Lyon, en 1365, et mourut en 1375. Pierre, qui

de Saint Pol[1], le conte de Harecourt[2], le conte de Porcien[3], le conte de Valentinois[4], le conte de Brene[5], le conte de Waudemont[6], le conte de Forez[7], le viscomte de Beaumont[8], le sire de Coucy[9], le sire de Fienles[10], le sire de Preaux[11], le sire de Saint Venant[12], le sire de Garencieres[13], le daulphin d'Auvergne[14], le sire de Hangest[15], le sire de Montmo-

lui succéda comme comte d'Alençon, mourut le 20 sept. 1404 (Anselme, I, 271).

1. Voy. ci-dessus, p. 23, note 1.

2. Jean VI, comte de Harcourt, né le 1er déc. 1342, mort le 28 février 1388 (Anselme, V, 132. De La Roque, *Hist. généal. de la maison de Harcourt*, I, 384 et s.).

3. Jean de Châtillon, comte de Porcien (Château-Porcien, dans l'arr. de Rethel). (Anselme, VI, 111).

4. Aymar V de Poitiers, comte de Valentinois. Il mourut en 1373, sans postérité (Anselme, II, 194).

5. Voy. ci-dessus, p. 22, note 4.

6. Henri V, comte de Vaudemont. Il avait été pris à la bataille de Poitiers et mourut en 1374 (Kervyn de L., *Froissart*, XXIII, 236).

7. Guigues VII, comte de Forez. Il mourut en 1360 (Anselme, VI, 730).

8. Louis, vicomte de Beaumont. Il fut tué à la bataille de Cocherel, le 16 mai 1364 (Kervyn de L., *Froissart*, XX, 294).

9. Enguerrand VII, le dernier et le plus célèbre des Coucy, grand bouteiller de France. Prisonnier en Angleterre, il épousa Isabelle, fille aînée d'Edouard III. Pris à Nicopolis (1396), il mourut à Brousse, en février 1398 (Anselme, VIII, 542, 545. Kervyn de L., *Froissart*, XXI, 38-44. A. Du Chesne, *Hist. généal. des maisons de Guines, d'Ardres et de Coucy*. Paris, 1631, in-fol., p. 264-271, 415 et s.).

10. Robert, sire de Fiennes, dit Moreau de Fiennes, connétable de France après la bat. de Poitiers. Il avait été élevé à la cour d'Edouard III et possédait quelques biens en Angleterre (Anselme, V, 170, VI, 166. Bib. de l'Ec. des Chartes, t. XIII, année 1852, p. 38-40).

11. Jacques de Bourbon, sire de Préaux, grand bouteiller de France, 3e fils de Jacques I de Bourbon, comte de la Marche, connétable de France. Il mourut vers 1417 (Anselme, I, 364).

12. Voy. ci-dessus, p. 22, note 5.

13. Voy. ci-dessus, p. 22, note 8.

14. Beraud I, fils de Jean, comte de Clermont, dauphin d'Auvergne. Il mourut en 1382 (Anselme, VIII, 51).

15. Voy. ci-dessus, p. 22, note 9.

rency [1], messire Guillaume de Çraon [2], messire Loys de Harcourt [3], messire Jehan de Ligny [4].

Les noms des diz prisonniers sont tielx :

Messire Phelip de France [5], le conte de Eu [6], le conte de Longueville [7], le conte de Pontieu [8], le conte de Tancarville [9], le conte de Joigny [10], le conte de Sancerre [11], le conte de

1. Voy. ci-dessus, p. 22, note 6.

2. Guillaume I de Craon mourut après 1382. Il était oncle d'Amaury IV de Craon, nommé plus bas, prisonnier en Angleterre (Anselme, VIII, 570-571. D. Villevieille, *Trésor généal.*, XXXII, fᵛ 65 vᵒ 66).

3. Louis de Harcourt, vicomte de Châtellerault, neveu de Godefroy de Harcourt. Il fut conseiller du duc de Normandie, puis passa aux Anglais et mourut en 1388 (Anselme, V, 131. De La Roque, I, 370. Kervyn de L., *Froissart*, XXI, 514 et s.).

4. Jean de Ligny, qui fut comte de St-Pol, après Guy de Châtillon. Il mourut en Angleterre. en 1364 (Kervyn de L., *Froissart*, XXII, 106. Anselme, III, 723. Voy. ci-dessus p. 49, note 1).

5. Voy. ci-dessus, p. 22, note 1.

6. Jean d'Artois, créé comte d'Eu en 1351, fils aîné de ce Robert d'Artois qui avait trahi la France. Jean avait été pris à la bataille de Poitiers. Revenu d'Angleterre, il continua de servir fidèlement la France et mourut en 1386 (Kervyn de L., *Froissart*, XXI, 172. Anselme, I, 388).

7. Charles d'Artois, comte de Longueville, frère du précédent. Pris aussi à la bataille de Poitiers, il s'enfuit un peu plus tard, comme le duc d'Anjou (Kervyn de L., *Froissart*, XXII, 114. Anselme, I, 386-87).

8. Jacques I de Bourbon, comte de la Marche et de Ponthieu. Pris à la bataille de Poitiers, il revint en France après le traité de Brétigny. Il fut blessé mortellement à la bataille de Brignais (1362). Le traité de Brétigny lui enlevait le Ponthieu, que lui avait donné Philippe VI (Anselme, I, 318. — *Hist. généal. des comtes de Ponthieu et maieurs d'Abbeville*, Paris, 1657, in-fol., p. 361 et s.).

9. Jean II de Melun, comte de Tancarville, pris à la bataille de Poitiers (Anselme, V, 226, VIII, 444. Blanchard, *Compilation chronol.* Paris, 1715, in-fol., p. 114).

10. Jean de Noyers, comte de Joigny (Anselme, VI, 653).

11. Jean III, comte de Sancerre, pris à la bataille de Poitiers. Il mourut vers 1402 (Anselme, VI, 852).

Dampmartin[1], le conte de Vantadour[2], le conte de Salle-bruche[3], le conte d'Aucerre[4], le conte de Vendosme[5], le sire de Craon[6], le sire de Derval[7], le mareschal d'Oden-ham[8], le sire d'Aubigny[9].

15. ITEM est accordé que les dessus diz seze prisonniers, qui venront demourer en hostage pour le Roi de France, comme dit est, seront parmi ce delivrés de leurs prisons, sanz paier aucunes raencons pour le temps passé, s'il n'ont été à accort de certaine raençon, par convenence faite par

---

1. Charles de Trie, comte de Dammartin. Pris à la bataille de Poitiers, il recouvra sa liberté en 1364 (Anselme, VI, 671. Kervyn de L., *Froissart*, XXI, 77).

2. Ebles IX, comte de Ventadour (Kervyn de L., *Froissart*, XXIII, 241).

3. Jean II, comte de Sarrebrück. Il fut grand bouteiller de France et mourut en 1381 (Kervyn de L., *Froissart*, XXIII, 121. Anselme, VIII, 533).

4. Jean III de Chalon, comte d'Auxerre et de Tonnerre, grand bou-teiller de France. Il partagea la captivité du roi Jean le Bon et mourut probablement en 1360. Toutefois, on ne voit pas bien s'il est question ici de Jean III ou de Jean IV, son fils (Anselme, VIII, 419).

5. Jean VI, comte de Vendôme. Il avait été pris à la bataille de Poitiers. Il mourut en 1368 (Anselme, VIII, 727).

6. Amaury IV de Craon. Pris à la bataille de Poitiers, il mourut en 1371 (Anselme, VIII, 570. D. Villevieille, *Trésor généal.*, XXXII, f° 66, à l'année 1371). Voy. ci-dessus, p. 50, note 2.

7. Rymer dit : « le sire de Rual ». Bonabès de Rougé, seigneur de Derval, pris à la bataille de Poitiers, avait obtenu, en 1358, un sauf-conduit d'Edouard III pour aller en France (Kervyn de L., *Froissart*, XVIII, 387, 392 ; XXI, 92. Rymer, III, i, 170-171).

8. Arnoul d'Audrehem, maréchal de France en 1351, pris à la bataille de Poitiers. Il mourut en 1370 (Anselme, VI, 751. Em. Moli-nier, *Etude sur la vie d'A. d'Audrehem*, dans les mémoires présentés par divers savants à l'Acad. des Insc., 2e série, VI. Imprim. nat., 1883, p. 72 et s.). Audrehem, canton d'Ardres, arr. de Montreuil, dans le Pas-de-Calais.

9. Regnault, sire d'Aubigny, sénéchal de Toulouse et d'Albigeois (Pièces originales, t. 125, dossier 2557, n°s 5 et s. à la Bibl. nat.).

avant le tiers jour de may derrenerement passé ; et, se aucun
d'eulx est hors d'Angleterre et ne se rent à Calais, en hostage, dedans le premier mois après les dictes trois semaines
de la Saint-Jehan, cessant juste empeschement, il ne sera
pas quiete de la prison, mais sera contrains, par le Roi de
France, à retourner en Angleterre, prisonnier, ou paier la
peine par lui promise et encorue par deffaut de son retour [1].

16. Item, est accordé que, en lieu des diz hostages qui
ne vendront à Calays, ou qui mourront, ou se departiront
sanz congié hors du povoir du Roi d'Angleterre, le Roi de
France sera tenuz d'en bailler d'autres, de samblable estat,
au plus près qu'il pourra estre fait, dedans quatre mois prouchain, après que le bailli d'Amiens, ou le maire de Sainct-
Omer en sera sur ce, par lectres dudit Roi d'Angleterre,
certifiez.

Et porra le Roi de France, à son departir de Calais, amener en sa compaignie dix des hostages, tels comme les deux
rois accorderont ; et souffira que, du nombre de quarante
dessusdit, en demeure jusques au nombre de trente [2].

17. Item, accordé est que le Roy de France, dedans trois
mois après ce qu'il sera parti de Calais, rendra à Calais, en
hostage, quatre personnes de la ville de Paris et deux personnes de chascune des villes dont les noms s'ensuivent ;
c'est assavoir :

De Saint-Omer, Arras, Amiens [3], Bauvez, Lille, Douay,
Tournay, Reims, Chaalons, Troyes, Chartres, Tholouse,
Lyons, Orliens, Compiegne, Rouen, Caen, Tours, Bourges,
les plus souffisanz des dictes villes, pour l'accomplissement
de ce présent traictié [4].

1, 2. Rymer, III, ii, 27, 29. Ces deux articles 15 et 16, et plusieurs
autres, sont reproduits dans des conventions spéciales du 24 octobre
qui se trouvent dans Rymer et dans D. Martène (*Thes. anecd.*).

3. Voy. Aug. Thierry, *Recueil des monuments inédits de l'hist. du
Tiers Etat*, I, 614.

4. *Thes. anecd.*, I, 1448-49. Rymer, III, ii, 29.

18. Item, est accordé que le Roi de France sera amené d'Angleterre à Calais, et demourrera à Calais par quatre mois après sa venue[1] ; mais il n'en paiera riens pour le premier mois, pour cause de sa garde ; et, pour chascun des autres mois ensuivant, qu'il demourra à Calais, par deffaut de lui ou de ses gens, il paiera, pour ses gardes, dix mil royauls, tielx comme il cuerent[2] au present en France, avant son départir de Calais, et aussi au feur du temps qu'il demourra[3].

19. Item, est accordé que, au plustot que faire se pourra, dedans l'an prouchain, après ce que le Roi de France sera parti de Calais, messire Jehan, conte de Montfort, aura la conté de Montfort[4] avec toutes ses appartenances, en faisant homage lige au Roy de France, et devoir et service en touz cas, telz comme bon et loial vassaulz liege doit faire à son seigneur lige, à cause de la dicte conté ; et aussi lui seront renduz ses autres heritages, qui ne sont mie de la duchié de Bretaigne, en faisant homage ou autres devoirs que appertendra.

Et s'il veult aucune chose demander en aucuns des heritaiges qui sont de la dite duchié, hors du pais de Bretaigne, bonne et brieve raison li sera faite par la cour de France.

20. Item, sur la question du demaine de la duchié de Bretaigne, qui est entre ledit monsire Jehan de Montfort d'une

---

1. On a vu ci-dessus, p. 34-35, que Jean II resta depuis le 8 juillet jusqu'au 25 oct. à Calais.

2. « Courront » dans Rymer, leçon qui semble défectueuse. — A cette époque, les royaux d'or, qui étaient au titre légal de 24 carats et à la taille de 69 au marc, avaient cours pour une livre cinq s. t. Ils avaient une valeur intrinsèque de 12 fr. 21 chacun (Note de M. Prou).

3. Rymer, III, ii, 21, 22.

4. Voy. ci-dessus, p. 14, note 4. Le 22 oct. Jean II promet de lui délivrer le comté de Montfort selon le traité (Thes. anecd., I, 1430. Rymer, III, ii, 30, avec la date du 26 oct.).

partie et monsire Charles de Blois [1] d'autre partie, accordé est que les deux Roys, appelés par devant eulx, ou leurs deputez, les parties principals de Blois et de Montfort, par eulx et par leurs deputez especiaux, s'enformeront du droit des parties et s'efforceront de mectre les dictes parties à accord sur tout ce que est en debat entre eulx, ou plustost qu'ils pourront.

Et, ou cas que lesdiz Rois, par eulx, ou par leursdiz deputez, ne les pourroient accorder dedans un an prouchain, après que le Roy de France sera arrivé à Calais, les amis d'une partie et d'autre s'enformeront diligemment du droit desdictes parties, par la manière que dessus est dit, et s'efforceront de mectre lesdictes parties à accord, au mieulx que faire se pourra, au plus tost qu'il pourront.

Et, se il ne les peuent mettre a accort, dedans demi an adonc prouchain ensuivant, ils raporteront aus diz deux Rois, ou à leurs deputez, tout ce qu'il en auront trouvé sur le droit des dictes parties et sur quoi le debat demourra entre les dictes parties; et adonc les deux Rois, par eulx, ou par leurs deputez especiaux, au plus tost qu'il pourront, mectront les dictes parties à accort, ou diront leur final avis sur le droit de l'une partie et d'autre, et ce sera excecuté par les deux Rois.

Et, ou cas qu'il ne le pourront faire dedans demi an, deslors prouchain ensuivant, adonc les deux parties principals de Blois et de Montfort feront ce qui mieulx leur semblera; et les amis d'une partie et d'autre aideront quelque partie qu'il leur plaira, sanz empeschement des diz Roys et sanz avoir, en aucun temps avenir, domage, blasme, ne reproche, par aucun des diz Roys, par la cause dessusdicte.

Et, se ainsi estoit que l'une des dictes parties ne voulsist comparoir souffisamment devant les diz Roys, ou leurs diz deputez, au temps qu'il sera establi, et aussi, en cas que les diz Roys, ou leurs deputez, auraient ordené, ou declairé

---

5. Voy. ci-dessus, p. 14, note 5.

que les dictes parties feussent à accort, ou qu'il auroient dit
leur avis pour le droit d'une partie, et aucune des dictes
parties ne se voudroit accorder à ce, ne obeir à la dicte declaracion; adonc les diz Roys seront encontre luy de tout leur
povoir, et en ayde à l'autre qui se voudroit accorder et obeir;
mais, en nul cas, les deux Rois, par leurs propres personnes,
ne par autre, ne pourront faire ne entreprendre guerre
l'une à l'autre, pour la cause devant dicte; et touz jours
demourra la souvereineté et hommage de la dicte duchié
au Roi de France[1].

21. ITEM, que toutes les terres, pais, villes, chasteaux et
autres lieux bailliez aus diz Rois seront en teles libertez
et franchises comme elles sont à présent, et seront confer-
mez par les diz seigneurs Rois, ou par leurs successeurs,
ou par chacun d'eulx, toutes les foiz qu'il en seront sur ce
deuement requis, se contraires n'estoient à ce présent accord.

22. ITEM, le dit Roi de France rendra et fera rendre et
restablir de fait, à messire Phelippe de Navarre[2], et à touz
ses adherens en appert, au plus tost que l'en pourra, sanz
mal engin, et, au plus tard, dedans un an prouchain après que
le Roi de France sera partiz de Calais, toutes les villes, chasteaux, foreteresces, seigneries, droiz, rentes, prouffiz, jurisdicions et lieux quelzconques, que le dit messire Phelippe,
tant pour cause de lui comme pour cause de sa femme, ou
ses diz adhérens, tindrent ou doivent tenir ou roiaume de
France; et ne leur fera jamais le dit Roi reprouche, domage
ne empeschement pour aucune chose faite avant ces heures;
et leur pardonra toutes offenses et mesprises du temps passé
pour cause de la guerre; et sur ce auront ses lectres bonnes

1. Cf. *Froissart*, édit. S. Luce, VI, 5, 17, 41-42, 50-52. *Gr. Chron.*,
VI, 183-184, 187-188, 191-192.
2. Le 26 oct. Jean II promet de délivrer à Philippe de Navarre
toutes ses terres, selon le traité (Rymer, III, ɪɪ, 30. *Thes. anecd.*,
avec la date du 22 oct.). Voy. ci-dessus, p. 24.

et souffisans, si que le dit messire Phelippe et ses diz adhérens retournent en son homage et lui facent les devoirs, et lui soient bons et loyaulx vassaulx.

23. Item, est accordé que le Roi d'Angleterre pourra donner, ceste foiz tant seulement, à qui il lui plaira, en héritage, toutes les terres et heritages qui furent de feu messire Godefroy de Harecourt[1], à tenir du duc de Normandie, ou autres seigneurs, de qui elles doivent estre tenues, par raison, parmi les homages et services anciennement accostumez.

24. Item, est accordé que nul homme, ne pais, qui ait esté en l'obéissance d'une partie, et vendra par cest accort, à l'obéissance de l'autre partie ne soit empeschié pour chose faite ou temps passé[2].

25. Item, est accordé que les terres des banniz et adhérens de l'une partie et de l'autre, et aussi des églises, de l'un royaume et de l'autre, et que touz ceulz qui sont desheritez ou ostez de leur terres ou heritages, ou chargiez d'aucune pension, taille ou redevance, ou autrement grevez, en quelque manière que ce soit, pour cause de ceste guerre, soient restituez entièrement en mesme le droit et possession, qu'il eurent devant la guerre commenciée;

 Et que toutes manières de forfaitures, trespas et mesprises, faiz par eulz, ou aucun d'eulx, en moyen temps, soient du tout pardonnées; et que ces choses soient faites au plustost que l'en pourra bonnement, et, au plus tard, dedans un an prouchain, après que le Roi sera parti de Calais[3];

---

1. Le 26 oct. Jean II autorise le roi d'Angleterre à donner les terres de God. de Harcourt (Rymer, III, ii, 30. *Thes. anecd.*, avec la date du 22 oct.). Voy. ci-dessus, l'art. 14 du traité de Londres.

2. Rymer, III, ii, 31.

3. Lettres de Jean II (24 oct.) promettant de rendre les terres des bannis. Elles reproduisent cet article 25 (Rymer, III, ii, 31).

Excepté ce qui est dit en l'article de Calais et de Merk [1] et des autres lieux, nommez ou dit article :

Excepté aussi le viconte de Fronsac [2] et messire Jehan de Galart [3]; les queulx ne seront point compris en cest article, mais demourront leurs biens et heritages en l'estat qu'il estoient par avant ce present traictié.

26. ITEM, est accordé que le Roi de France delivrera au Roi d'Angleterre, au plustost qu'il pourra bonnement, et donra, et, au plustard [4], dedans un an prouchain après son departir de Calais, toutes les citeez, villes, pais et autres lieux dessus nommez, qui par ce present traictié doivent estre bailleez au Roi d'Angleterre.

27. ITEM, est accordé que, en baillant au Roy d'Angleterre, ou à autres par lui par especial deputez, les villes et fortereces et toute la conté de Ponthieu,
  Les villes et fortereces et toute la conté de Monfort,
  La citée et le chastel de Xaintes,
  Les chasteaux, villes et fortereces et tout ce que le Roi

---

1. Voy. ci-dessus, l'art. 5.

2. *Froysart* dans Rymer (III, ii, p. 5) est une mauvaise leçon ; d'ailleurs il y a *Fronsac* auparavant (III, i, 207). Raymond, vicomte de Fronsac, après avoir trahi le roi de France pour passer au roi d'Angleterre, était revenu au roi Jean par un traité conclu à Cognac, le 23 janvier 1353, et avait obtenu des lettres de rémission, mais Edouard III avait confisqué ses biens et les avait donnés à la fille de Raymond, mariée à Guillaume de Pomiers (Kervyn de L., *Froissart*, XVIII, 345 et s. D. Martène, *Thesaurus anecd.*, 1, 1431. D. Villevieille, *Trésor général.*, XLI, fº 115 vº).

3. Jean de Galard, seigneur gascon, avait fait sa soumission aux Anglais le 10 oct. 1357 et avait été nommé aussitôt conservateur de la trève en Guyenne par Edouard III (Kervyn de L., *Froissart*, XXI, 386. Rymer, III, i, 171 ; ii, 31. D., Martène *Thes. anecd.*, I, 1427, 1431).

4. « Dedenz la feste Saint Michiel prochain venant en un an. » (Rymer, traité du 8 mai, III, i, p. 207).

tient en demaine ou pais de Xaintonge, deçà et delà la
Charente,

Le chastel et la citee d'Angoulesme,

Et les chasteaux, fortereces et villes que le Roi de France
tient en demaine en pais d'Angoulemois,

Avecques lectres et mandemens des delaissemens des
foiz et hommages,

Le Roy d'Angleterre, à ses propres couz et frais, delivrera
toutes les forteresces prises et occupées par lui et par ses
subgiez, adhérens et alliez ès pais de France, de Touraine,
d'Anjou, du Maine, du Berry, d'Auvergne, de Bourgoigne
et de Champaigne, de Picardie et de Normandie et de
toutes les autres parties et lieux du royaume de France ;
excepté celles du duchié de Bretaigne et des pais et terres
qui, par ce présent traictié, doivent appartenir et demourer
au Roi d'Angleterre.

28. Item, est accordé que le Roi de France fera bailler et
delivrer au Roi d'Angleterre, ou à ses hoirs ou deputez,
toutes les villes, chasteaux, forteresces et autres terres,
pais et lieux avant nommez, avecques leurs appartenences,
aus propres couz et frais du dit Roi de France [1] ;

Et aussi que, s'il y avoit aucuns rebelles ou désobéissans
de rendre, bailler, ou restituer audit Roi d'Angleterre aucunes citeez, villes, chasteaulx, pais, lieux ou fortereces qui,
par ce présent traictié, lui doivent appartenir, le Roi de
France sera tenu de les faire délivrer audit Roi d'Angleterre à ses despens, et, semblablement, le Roi d'Angleterre

---

1. Lettres d'Edouard III sur la délivrance des forteresses occupées
en France par ses gens, « et en sont pareilles du roi Jean II » (*Thes.
anecd.*, I, 1435-38. Rymer, III, ii, 23-24. Kervyn de L., *Froissart*,
XVIII, 438-41. S. Luce, *Froissart*, VI, 46-50. *Hist. de B. Du Guesclin*, I, 459 et s. Tableau des lieux forts occupés en France par les
compagnies anglo-navarraises, de 1356 à 1364. A. Bardonnet, ouvrage
cité. Voy. ci-dessus, p. 48, note 1).

fera délivrer, à ses despens, les fortereces qui, par ce présent traictié, doivent appartenir au Roy de France.

Et seront tenuz les diz Rois et leurs gens à eulx entreaidier, quant à ce faire requis en seront, aus gages de la partie qui les requerra;

Qui seront d'un flourin de Florence[1], par jour, pour chevalier,

Et demy flourin pur eschuer,

Et pour les autres au feur;

Et, de surplus des doubles gaiges, est accordé que, se lesdiz gaiges sont trop petiz, eu regard au merchié des vivres ou pais, il en sera en l'ordenance de quatre chevalers pour ce esleus, deux d'une partie et deux d'autre.

29. ITEM, est accordé que les arcevesques, evesques et autres prélas et gens de sainte église, à cause de leur temporalité, seront subgiez d'icellui des deux Rois soubz qui il tendront leur temporalité; et, s'il ont leur temporalité soubz touz les deux Rois, il seront subgiez de chascun des deux Rois, pour la temporalité qu'il tendront soubz chascun d'iceulx.

30. ITEM, est accordé que bonnes alliances, amitiez et confederacions soient faites entre les deux Rois de France et d'Angleterre[2] et leurs royaumes, en gardant l'honneur et la conscience de l'un Roi et de l'autre; non obstant quelconques confederacions qu'il aient, deçà et delà, avecques quelconques personnes, soient d'Escoce, de Flandres, ou d'autre pais quelconques.

31. ITEM, accordé est que le Roi de France et son ainsné filz, le régent, pour eulx et pour leurs hoirs, Rois

---

1. Voy. ci-dessu... ... 14, note 1.

2. Voy. Rymer, I i, ii, 19-20. — *Thes. anecd.*, I, 1465-68. — *Froissart*, éd. S. Luce, VI, 26-31.

de France, si avant qu'il pourra estre fait, se delairront et
departiront de tout des aliances qu'il ont avecques les
Escoz[1]; et promectront, se avant que faire se pourra, que
jamais eulx, ne leurs hoirs, ne les Rois de France qui pour
le temps seront, ne donront, ne feront au Roi, ne au
royaume d'Escoce, ne aus subgiez d'icellui, presens et à
venir, confort, aide, ne faveur contre le dit Roi d'Angleterre, ne contre ses hoirs et successeurs, ne contre son
royaume, ne contre ses subgiez, en quelque maniere; et
qu'il ne feront autres alliances avecques les diz Escos, en
aucun temps à venir, encontre les diz Rois et royaume
d'Angleterre.

Et, samblablement, si avant que faire se pourra, le Roi
d'Angleterre et son ainsné filz, se delairont et departiront
de tout des alliances, qu'il ont avec les Flamanz[2], et pro-
mecteront que eulx, ne leurs hoirs, ne les Rois d'Angleterre
qui pour le temps seront, ne donront, ne feront aus Flamanz, presens ou à venir, aide, confort, ne faveur contre le
Roi de France, ses hoirs et successeurs, ne contre son
royaume, ne contre ses subgiez, en quelque maniere; et
qu'il ne feront autres alliances avec les diz Flamanz, en
aucun temps à venir, contre les Rois et royaume de
France.

32. ITEM, accordé est que les collacions et provisions, faites
d'une partie et d'autre, des bénéfices vacans, tant comme la
guerre a duré, tiennent et soient valables; et que les frais,
issues et revenues, receues et levées de quelconques benéfices
ou autres choses temporels quelconques, ès diz royaumes de

---

1. Lettres du roy (Jean) comme il ne se départ en rien des alliances
des Escoz, jusques les renonciations faites. Données le 26 oct. à Boulogne (*Thes. anecd.*, I, 1478).

2. Lettres d'Edouard III déclarant qu'il n'abandonnera l'alliance des
Flamands qu'après les renonciations définitives (Rymer, III, II, 19-20).

France et d'Angleterre, par l'une partie et par l'autre, durant les dictes guerres, soient quictes d'une partie et d'autre [1].

33. ITEM, que les Rois dessusdiz soient tenuz de faire confermer toutes les choses dessus dictes par nostre saint père le pape ; et seront vallées [2] par seremens, sentences et censures de court de Rome et touz autres liens, en la plus forte manière que faire se pourra ; et seront empétrées dispensacions et absolucions et lectres de la dicte cour de Rome, touchanz la parfection et acomplissement de ce present traictié, et seront baillées aus parties, au plus tart, dedanz les trois semaines, après ce que le Roi sera arrivez à Calais [3].

34. ITEM, que touz les subgiez des diz royaumes qui voudront estudier es estudes et universitez des royaumes de France et d'Angleterre joiront des privilèges et libertez des dictes estudes et universitez, tout ainsi comme il povoient faire avant ces présentes guerres et comme il font à présent [4].

35. ITEM, afin que les choses dessus dictes, traictées et parlées soient plus fermes, stables et valables, seront faictes et données les fermetés qui s'ensuivent, c'est assavoir lectres scellées des seaux des diz Rois et des ainsnez fils d'iceulx, les meilleurs qu'il pourront faire et ordener par les conseils des diz Rois.

Et jureront les diz Rois et leurs enfans ainsnez et autres enfans, et aussi les autres des lignages des dis seigneurs et autres grans des diz royaumes, jusques au nombre de vint de chascune partie, qu'il tendront et aideront à tenir, pour tant comme à chascune d'eulx touche, les dictes choses, traictiées

1. Rymer, III, II, 31.
2. Validées, légalisées.
3. Rymer, III, II, 22-23. Cf. *Froissart*, éd. S. Luce, VII, 87.
4. Rymer, III, II, 31.

et accordées, et accompliront, sans jamais venir au contraire, sanz fraude et sanz mal engin et sanz faire nul empeschement.

Et s'il y avoit aucun du dit royaume de France, ou du royaume d'Angleterre, qui fussent rebelles, ou ne vousissent accorder les choses dessus dictes, les diz Rois feront tout leur povoir, de corps, de biens et d'amis, de mectre les diz rebelles en vraie obeissance, selon la fourme et teneur du dit traictié.

Et, avec ce, se soubsmettront les diz Rois et leurs hoirs et royaumes à la cohercion de nostre saint père le pape, afin qu'il puisse contraindre, par sentences, censures d'église et autres voyes deues, celui qui sera rebelle, selon ce qu'il sera de raison.

Et, parmi les scurtez et fermetez dessus dictes, renonceront les diz Rois et leurs hoirs, par foi et par serement, à toutes guerres et à tous proces de fait.

Et se, par désobéissance, rebellion ou puissance de aucuns subgiez du royaume de France, ou autre juste cause, le Roi de France, ou ses hoirs, ne povoient acomplir toutes les choses dessus dites, le Roi d'Angleterre, ses hoirs, ou aucun pour eulx, ne feront, ou deveront faire guerre contre le Roi de France, ses hoirs, ne son royaume, mais touz ensamble se enforceront de mectre les diz rebelles en vraie obeissance et de accomplir les choses devant dictes.

Et aussi, se aucuns du royaume et obéissance du Roi d'Angleterre ne vouloient rendre les chasteaux, villes, ou forteresces qu'il tiennent ou royaume de France, et obéir au traictié dessus dit, ou, pour juste cause, ne pourroit accomplir ce que doit faire par ce présent traictié, le Roi de France, ne ses hoirs, ou aucun pour eulx, ne feront point de guerre au Roi d'Angleterre, ne à son royaume ; mais touz deux ensamble feront leur povoir de recouvrer les chasteaux, villes et forteresces dessus dictes, et que toute obeissance et accomplissement soit fait ès traictiés dessus diz[1].

---

1. Cf. Rymer, III, ii, 22-23 et *Froissart*, éd. S. Luce, VII, 87 et s.

Et seront aussi faites et données, d'une partie et d'autre, selon la nature du fait, toutes manières des fermetez et seurtez que l'en saura ou pourra deviser, tant par le pape, le collège de la cour de Rome, comme autrement, pour tenir et garder parpetuelment la paix et toutes les choses par dessus accordées.

36. Item, est accordé que, par ce présent traictié et accord, tous autres accors, traictiés, ou prolocucions, se aucun en y a faiz ou parparlez ou temps passé, sont nulz et de nulle valeur et de tout mis au néant ; et ne s'en pourront jamais aidier les parties, ne faire aucun reprouche l'un contre l'autre, pour cause d'iceulx traictiés ou accors, se aucuns en y avoit, comme dit est.

37. Item, que ce présent traictié sera approuvé, juré et confermé par les deux Rois à Calais, quant il y seront, en leurs personnes ; et, depuis que le Roi de France sera partiz de Calais et sera en son povoir, dedens un mois prouchain ensuivant le dit departement, le dit Roi de France en fera lectres confirmatoirs et autres necessaires ouvertes, et les envoiera et delivrera, à Calais, au dit Roi d'Angleterre, ou à ses deputez, au dit lieu ; et aussi le dit Roi d'Angleterre, en prenant les dictes lectres confirmatoires, en baillera lectres confirmatoires pareilles à celles du dit Roi de France [1].

38. Item, est accordé que nul des Rois avant diz, ne procurera, ne fera procurer, par lui, ne par autre, que aucunes nouvelletez ou griefs se facent par l'église de Rome, ou par autres de sainte Eglise, quelconques il soient, contre ce présent traictié, sur aucun des diz Rois, leurs coadjuteurs, adherens, ou alliez, quelconques il soient, ne sur leurs terres,

---

1. Rymer, III, ii, 15-17.

ne leurs subgiez, pour achoison [1] de la guerre, ou pour autre
cause, ne pour services que les diz coadjuteurs ou alliez
aient faiz aux diz Rois, ou à aucun d'iceulx ; et, se nostre
dit saint père, ou autre, le vouloient faire, les deux Rois le
destorberont, selon ce qu'il pourront, bonnement, sanz mal
engin.

39. ITEM, des hostages qui seront baillez au Roi d'Angleterre, à Calais, de la manière et du temps de leur départe-
ment, les deux Rois en ordencront à Calais [2].

Et nous, Roi de France dessusdit, veu et considéré le dit
traictié, pour bien de paix, fait en nostre nom et pour nous,
en tant comme à nous touche, de nostre partie aians ferme
et agréable, ycellui et toutes les choses dessus escriptes volons, loons, ratiffions et approvons, et de nostre auctorité
royal, par deliberacion, conseil et consentement de plusieurs
prélas et gens de saincte eglise, duz et contes, tant de nostre linage, que autres, et de pluseurs, tant pers de France,
que autres grans, barons, nobles, bourgois et autres sages
de nostre royaume, consentons et confermons le dit traictié
et toutes les choses dessus dictes contenues en ycelui.

Et jurons, sur le corps Jesus-Crist et en parole de Roi,
pour nous et pour noz hoirs, ycelui tenir et garder et accomplir, sanz jamais venir encontre, par nous ou par autre ;
et, pour les choses dessus dictes et chacune d'icelles tenir
fermement à perpétuité, obligeons nous, noz biens présens et
avenir, noz hoirs et successeurs et leurs biens.

Et souzmettons, quant à toutes ces choses, nous et noz
hoirs et successeurs à la jurisdicion et cohercion de l'eglise
de Rome, et volons et consentons que nostre saint père le
pape conferme toutes ces choses, en donnant monicions et

1. Encheson dans J 638, n° 8.
2. Jusqu'ici le traité du 24 oct. reproduit celui du 8 mai, sauf la
fin de l'art. XI et l'art. XII et quelques légères différences de
rédaction.

mandemens generaux sur l'acomplissement d'icelles, contre
nous, noz hoirs et successeurs et contre touz nos subgiez,
soient communes, collèges, universitez, ou personnes singulières quelconques, et en donnant sentences generaux d'ex-
communiement, de suspension et de entredit, pour estre en-
corues par nous et par eulx pour celui fait, si tost que nous,
ou eux, ferons ou accepterons, en occupant forterece, ville,
ou chastel, ou autre quelconque chose faisant, ratiffiant, ou
agreant, ou donnant conseil, confort, faveur ou aide, celee-
ment, ou en appert, contre la dicte paix; des queles sentences il ne puissent estre absouz jusques il aient fait pleine
satisfaction à tous ceulx qui par celui fait auroient soustenu
ou soustendroient domages.

Et, avec ce, volons et consentons que nostre saint père
le pape, pour ce que plus fermement soit tenue et gardée la
dicte paix à parpétuité, toutes pactions, confederacions,
aliances et convenances, comment qu'elles puissent estre
nommées, qui pourroient estre préjudiciables, ou obvier, par
quelconque voie, a la dicte paix, en temps present ou avenir
supposé qu'elles feussent fermes ou vallées par peines, ou
par seremens et confermées de l'auctorite de nostre saint
pere le pape, ou d'autre, soient cassées, irritées et mises au
néant, comme contraires à bien commun et au bien de paix
commune et profitable à toute crestienté, et déplaisant à Dieu ;

Et touz seremenz, faiz en tel cas, soient relaschez ;

Et soit decerné, par le dit nostre saint père, que nul soit
tenu à tels seremens, aliances, ou convenances tenir ou garder;

Et defende que, ou temps à venir, ne soient faites telles
ou semblables ;

Et se, de fait, aucun attemptoit ou faisoit le contraire,
que, dès maintenant, les casse et irrite et rende nulz et de
nulle vertu ;

Et, neantmoins, nous les punirons, comme violateurs de
paix, par peine de corps et de biens, si comme le cas le re-
quera et que raison le voudra.

Et, se nous faisions, procurions ou souffrions estre fait le contraire, que Dieu ne vueille, nous volons estre tenuz et reputé pour desloial et parjure, et volons encourir tel blasme et diffame comme Roi sacré doit encourir en tel cas.

Et les choses dessus dictes ferons jurer à tenir et garder par les prelas, quant il feront les seremens de feaulté, et chiefs d'églises de nostre royaume,

Par nos enfans, par nostre frère le duc d'Orliens[1], par noz cousins et autres prochains de nostre sanc,

Par les pers de France,

Par les duz, contes, barons et granz terriers,

Par les maires, jurés, eschevins et consuls et universitez ou communes de nostre royaume,

Et par noz officers, en la création de leurs offices ;

Et qu'il ne feront, ne mouveront, ou soustendront, ou nourriront guerre quelconque, haine, ou discorde entre nous, Rois, et noz royaumes dessusdiz et les subgiez d'iceulx.

Et le dit serement ferons renouveller, de cinq ans en cinq ans, pour en estre plus fresche memoire.

Et jamais ne ferons alliance à quelque personne, citée, ville, ou université contre nostre dit frère, ne contre ses enfans, ou leurs terres, ou leurs subgiez, ne autrement, qu'il n'en soient expressement exceptez.

Et nous avons fait, samblablement, jurer toutes les choses devant dictes par nos enfans, le duc d'Anjou et du Maine[2], le duc de Berry et d'Auvergne[3], le duc de Tourainne[4], le duc

---

1. Voy. ci-dessus, p. 22, n. 2. Dans le traité ratifié par Edouard III, on trouve ici « nos cousins, le duc de Lancastre », etc., c.-à-d. les noms des négociateurs anglais.

2. Louis, déjà comte d'Anjou, fut créé duc d'Anjou, par lettres données à Boulogne, vers la fin d'octobre 1360 (voy. ci-dessus, p. 21, n. 11, et Anselme, I, 227-228).

3. Jean, comte de Poitiers, reçut, vers la fin d'octobre 1360, l'Auvergne et le Berry, érigés en duché-pairie (voy. ci-dessus, p. 48, n. 3, et Anselme, I, 106. Blanchard, *Compil. chronol.*, I, 130).

4. Philippe le Hardi (v. p. 22, n. 1).

d'Orliens, notre frère[1], et noz cousins, le duc de Bourbon[2], Jacque de Bourbon[3], Jehan d'Artois[4], Pierre de Alençon[5], Jehan d'Estampes[6], Guy de Bloys[7], le conte de Saint-Pol[8], le conte de Harecourt[9], le conte de Tancarville[10], le conte de Saint Seurre[11], le conte de Joigny[12], le conte de Sairebruche[13], le conte de Brene[14], le sire de Coucy[15], le sire de Craon[16], le sire de Fienles[17], le dauphin d'Auvergne[18], le sire de Montmorency[19], Guillaume de Craon[20], le sire de Saint Venant[21],

Et ferons aussi jurer samblablement, et au plus tost que faire pourrons bonnement, la plus grant partie des prelas, pers, dux, contes, barons et autres nobles de nostre royaume.

---

1. Voy. ci-dessus, p. 22, note 2.

2. Id., p. 22, note 3.

3. Id., p. 50, n. 8.

4. Id., p. 50, n. 6.

5. Id., p. 48, n. 7.

6. Jean d'Évreux, 2ª fils de Charles d'Évreux, comte d'Étampes (voy. ci-dessus, p. 22, note 11).

7. Voy. ci-dessus, p. 48, n. 6.

8. Id., p. 23, n. 1, peu après, son beau-frère, Guy de Luxembourg, fils de J. de Ligny (v. ci-dessus, p. 50, n. 4), devint comte de St-Pol.

9. Id., p. 49, n. 2.

10. Id., p. 50, n. 9.

11. Louis II de Brosse, seigneur de Boussac et de Sainte-Sévère. Il mourut en 1390 (Anselme, V, 571).

12. Voy. ci-dessus, p. 50, n. 10.

13. Id., p. 51, n. 3.

14. Id., p. 22, n. 4.

15. Id., p. 49, n. 9.

16. Id., p. 51, n. 6.

17. Id., p. 49, n. 10.

18. Id., p. 49, n. 14.

19. Id., p. 22, n. 6.

20. Id., p. 50, n. 2.

21. Voy. ci-dessus, p. 22, n. 5. Dans le traité confirmé par Edouard III (AE III, 13, carton J 638, n° 1) on trouve les noms des seigneurs *anglais, ou alliés de l'Angleterre* (comme Philippe de Navarre, le duc de Bretagne, etc.), qui ont juré avec le roi.

En tesmoingnance de quelle chose nous avons fait mectre nostre seel à ces lettres.

Données à Calais le xxiv jour d'octobre, l'an de grace mil trois cens soixante [1].

1. Rymer, III, ii, 3-6. D. Martène, *Thes. anecdot.* I, 1449-62. Arch. nat., AE III, 13 (J. 638, no 1).

III

TRÊVE DE 28 ANS, CONCLUE A PARIS

ENTRE CHARLES VI ET RICHARD II

LE 9 MARS 1396

RATIFIÉE PAR CHARLES VI LE 11 MARS 1396.

L'interprétation et l'exécution du traité de Brétigny donnèrent lieu à de nombreuses conventions et soulevèrent des difficultés qui devaient amener une nouvelle rupture. Charles V, qui n'avait jamais considéré ce traité que comme une trêve, attendait une occasion favorable pour s'en affranchir. Il accueillit avec empressement les plaintes des seigneurs gascons qui refusaient de payer le fouage accordé par les états d'Angoulême au prince de Galles (janvier 1368), et qui portèrent leur appel devant le roi de France, *leur souverain seigneur* (mai-juin 1368). Charles V reçut cet appel. Aux protestations du roi d'Angleterre il répondit que les renonciations stipulées par le traité de Brétigny étaient nulles, parce qu'elles n'avaient pas été échangées dans le délai convenu, et cela par la faute d'Edouard III. Il cita ensuite le prince Noir, duc d'Aquitaine, à comparaître devant lui (15 janvier 1369), puis il déclara la guerre à l'Angleterre (avril 1369).

Dans une grande assemblée tenue à Paris, au Parlement, le mercredi 9 mai, Charles V exposa les motifs qui avaient déterminé sa conduite. Il fit ensuite condamner Edouard III et le prince de Galles par la Cour des pairs, sous prétexte que « les ressort et souveraineté de la couronne avaient été expressément réservés par le traité de paix ». Edouard III reprit alors le titre de roi de France (3 juin) et soutint la lutte, avec plus d'énergie que de succès, jusqu'en 1375. Les victoires de Du Guesclin, la maladie du prince Noir et l'intervention du pape Grégoire XI décidèrent le vieux roi à conclure d'abord, à Bourbourg, le 11 février 1375, une trêve partielle (pour la Picardie et l'Artois)[1], puis, à Bruges, le 27 juin suivant, une trêve générale, qui devait

---

1. Trêve conclue à l'abbaye des Nonains de N.-D. de Bourbourg. Elle devait durer jusqu'à Pâques (Rymer, III, II, 22-24. V. aussi le t. III de l'édit. de 1825, p. 1027. S. Luce, *Froissart*, VIII, p. CXVI et 190-92). Dès le mois de mars 1374 les ducs de Lancastre et d'Anjou avaient négocié une trêve partielle qui devait durer jusqu'au 21 mai (S. Luce, *Froissart*, VIII, p. CVIII et 174-76. Rymer III, III, 16). — Walsingham, *Hist. anglic.*, I, 316. *Gr. Chron.*, VI, 343.

durer jusqu'au 1er juillet 1376[1]. Après de nouvelles négociations à Bruges (novembre 1375, mars 1376, et novembre 1376) à Montreuil-sur-Mer et à Boulogne (déc. 1376), cette trêve fut prorogée successivement jusqu'au 1er avril[2], puis jusqu'au 1er mai et enfin jusqu'au 24 juin 1377[3].

Edouard III mourut le 21 juin, c'est-à-dire trois jours avant l'expiration de la trêve, laissant le trône à son petit-fils, Richard II, alors âgé de 10 ans. Charles V ne voulut pas consentir à une nouvelle prolongation de la trêve; il recommença aussitôt la lutte.

Pendant les règnes si troublés de Charles VI et de Richard II, la guerre fut plusieurs fois interrompue par des trêves conclues à Leulinghen (arrondissement de Boulogne), le 26 janvier 1384[4], le 18 août 1388[5], le 18 juin 1389[6], le 27 mai 1394[7]. Quand Richard II put suivre une politique personnelle, il se rapprocha de Charles VI et rechercha même la main d'une de ses filles. La dernière trêve, qui devait durer depuis la Saint-Michel de 1394 jusqu'à la Saint-Michel de 1398, fut renouvelée pour vingt-huit ans, le 9 mars 1396, à Paris, et Richard épousa Isabelle de France le 19 septembre suivant. Rymer (III, IV, 115-118) donne la trêve du 9 mars 1396 ratifiée le 11 mars par Charles VI. Le carton J 643 des Archives nationales renferme, avec une copie du traité ratifié par Charles VI, les originaux du traité conclu par les plénipotentiaires anglais et ratifié par Richard II[8]. Ils sont scellés des sceaux de ces plénipotentiaires et du grand sceau royal d'Angleterre. Notre texte est celui de Rymer collationné sur ces documents authentiques[9].

1. Rymer, III, III, 25, 26, 28, 29 et s., 41, 45, et t. III de l'édit. de 1825, p. 1066., S. Luce, *Froissart*, VIII, p. CXX, CXXII-CXXVII et 194-212.

2. Rymer, III, III, 41. S. Luce, *Froissart*, VIII, p. CXXXIV-XXXV, CXXXIX-CXL, 216-219, 225-226. *Gr. Chron.*, VI, 346-47.

3. S. Luce, *Froissart*, VIII, p. CXLI, n. 1. Rymer, III, III, 53, 54, 58.

4. Rymer, III, III, 162, 170 et s., 181.

5. Rymer, III, IV, 28-30 et ci-dessous, p. 86.

6. Rymer, III, IV, 39 et s. Carton J. 642, n° 23, aux Archives nat.

7. Rymer, III, IV, 95-98. Carton J. 643, n°s 4 et 5, aux Archives nat. Cette trêve fut négociée par les ducs de Berry et de Bourgogne.

8. Le n° 15 du carton J. 643 est l'original de la trêve conclue à Paris, le 9 mars, par les plénipotentiaires anglais. Le n° 15 *bis* est un vidimus de Charles VI, en date du 20 juillet 1396. C'est une belle copie du temps, sur papier. Le n° 15 *ter* est l'original de la ratification de la trêve, par Richard II, datée du 9 mai, à Westminster.

9. Sur les principaux faits qui précèdent la conclusion de la trêve de 1396, voy. *Froissart*, édit. S. Luce, VI, VII, VIII; édit Kervyn de Lettenhove, XVIII. *Grandes Chroniques*, VI. Walsingham, *Hist. anglic.*

Charles, par la grâce de Dieu, Roy de France, à tous ceulx qui ces présentes lectres verront, salut[1]. Nous avons veu et fait lire de mot à mot, en la présence de noz très chiers et très amez oncles et frère les ducs de Berry[2], de Bourgoigne[3], d'Orliens[4] et de Bourbonnois[5], et de nostre grant conseil, les lectres de noz diz oncles et frère des trêves générales par mer et par terre, par eulx prinses, accordées, passées et jurées, par nostre commandement, voulenté et ordenance, et par vertu du povoir[6] par nous donné et attribué à noz diz oncles et frère, pour nous, noz successeurs, Roys de France, noz royaume, terres, seignouries et subgiez, et pour noz alliez, leurs royaumes, terres, seignouries et subgiez, et pour le Roy d'Angleterre, nostre très chier et très amé filz, ses successeurs, Roys d'Angleterre, ses royaumes, terres, seignouries et subgiez, et pour ses aliez, leurs royaumes, terres, seignouries et subgiez, par mer et par terre, deçà et delà de la mer, pour vint et huit ans, commençans le jour Saint Michel, qui sera l'an mil trois cens quatre vint dix huit, soleil levant, que les trêves présentes, derreinement prinses à Leulinghen, doivent faillir, et finissans le jour de Saint Michiel, qui sera l'an mil quatre cens vint et six après ensuivans ; lequel povoir est

et *Ypodigma Neustriæ.* Jouvenel des Ursins. Le Religieux de S. Denis, I, II. Rymer, III. D. Martène, *Thes. anecd.*, I. Du Mont, *Corps diplom.*, II. *Ordonnances des rois de France*, VI, 508. S. Harris Nicolas, *Proceedings*, I. — DD. Devic et Vaissète, *Hist. gén. du Languedoc* (1885), IX. — G. Picot, *Etats généraux*, I. — H. Wallon, *Richard*, II. Bib. de l'Ec. des Chartes, XII (1851), p. 103 et s. — Le carton J. 643, aux Arch. nat.

1. Les lettres de ratification données par Richard II à Westminster, le 9 mai 1396, sont semblables à celles-ci, moins les formules du commencement et de la fin (voy. J 643, n° 15 *ter*).

2. Voy. ci-dessus, p. 48, n. 3.

3. Voy. ci-dessus, p. 22, n. 1.

4. Louis I, duc d'Orléans, second fils de Charles V et de Jeanne de Bourbon, né le 13 mars 1372, assassiné le 23 novembre 1407.

5. Voy. ci-dessus, p. 22, n. 3.

6. Ce povoir est inséré ci-dessous, p. 76-78.

encorporé en leurs devant dictes lettres, desquelles la teneur
s'ensuit :

Nous[1], Jehan, filz le Roy de France, duc de Berry et
d'Auvergne, conte de Poitou, d'Auvergne et de Boulongne,
Phelip, filz de ce mesme Roy, duc de Bourgoingne, conte
palatin de Salms, conte de Rethel et seigneur de Malines,
Loys, filz de Roy de France, frère de nostre dit seigneur
le Roy, duc d'Orliens, conte de Valois et de Beaumont, et
Loys, duc de Bourbonnoys, conte de Clermont et de Forestz,
à tous ceulz qui ces présentes lectres verront, salut.

Comme, pour honneur et révérence de nostre Seigneur et
pour eschever l'effusion du sanc humain et les maulx et
dommages irréparables qui, pour le fait et occasion des
guerres, sont advenuz le temps passé, par quoy ses feaulx
et subgiez et le peuple de son dit royaume puissent vivre
et demourer en paix et tranquillité dessoubz lui, nostredit
seigneur le Roy ait, le temps passé, à très grant et meure
deliberacion, tenu et fait tenir plusieurs consaulx et assem-
blées, avecques les gens et messaiges de son adversaire, pour
venir à conclusion de paix ou de longues trêves, et derreinement, l'an quatre vins et treize[2], ait envoié ès marches de
Picardie nous, Jehan et Phelip dessusdiz, à tout povoir souffisant de par lui, pour assembler et besoigner sur les choses
dessusdites avec noz très chiers et très amez cousins, les
ducs de Lencastre[3] et d'Eureuch[4], oncles dudit adversaire

1. Dans les lettres de ratification données par Richard II, viennent
ici les noms des négociateurs anglais, les contes de Rutland et de
Nottingham et G. Le Scrop (Carton J 643, nº 15 *ter*).

2. Les pouvoirs des négociateurs anglais sont de mars 1393, c'est-
à-dire 1394 (n. st.) Voy. Rymer, III, ɪv, p. 95. *Froissart*, édit. Kerv.
L., XV, 108 et s.

3. Jean de Gand, 4ᵉ fils d'Edouard III, né à Gand, en 1340, comte
de Richmond, duc de Lancastre et de Guyenne, mort en 1399.
Voy. H. Wallon, *Richard II*, t. II, 551. Dugdale, *The baronage of
England*, t. II, 114- 119.

4. Ce nom est ordinairement écrit de Verwyk, ou d'Everwyk, et dé-

d'Angleterre, ayans semblable povoir de par lui ; avec lesquelz, par vertu des povoirs dessusdiz, aions prins, fermé [1]
et accordé trèves générales par terre et par mer, pour mondit seigneur, son royaume, ses terres, seignouries et
subgiez, et pour ses aliez, leurs royaumes, terres, seignouries et subgiez, par mer et par terre, deça et dela de la mer,
pour ledit Roy d'Angleterre, son royaume, ses terres, seignouries et subgiez, et pour ses aliez, leurs royaumes,
terres, seignouries et subgiez, deça et dela la mer, pour
quatre ans, commençans le jour Saint Michiel, soleil levant,
qui fut l'an mille trois cens quatre vins et treize [2], et fenis-
sans le jour Saint Michiel, qui sera l'an mille trois cens
quatre vins et dix huit, si comme ès lettres sur ce faictes
par nous, confermées et jurées par nostredit seigneur, en la
présence des gens et messaiges dudit Roy d'Angleterre, à
ce commis de par lui et par celles desdiz ducs de Lencastre
et d'Eureuch, confermées et jurées par ledit Roy d'Angleterre, en la présence des gens et messaiges de mondit seigneur, à ce commis de par lui, est plus à plain contenu ;
et, depuis, pour entendre en et sur certains traictiez de
mariage et continuacion des trèves dessus exprimez, aient
esté ordenez et commis, de la partie d'Angleterre, noz très
chiers et amez cousins, le conte de Rotheland, le conte
Mareschal et messire Guillaume le Scroup, son chambellan,
à tout povoir souffisant dudit Roy d'Angleterre, duquel
povoir la teneur s'ensuit :

signe toujours le duc d'York (voy. l'index des *Rolls of parliament*,
p. 281, au mot Everwyk, et S. Harris Nicolas, *Proceedings*, t. I, p. 388,
au mot York). Le nom des comtes de Warwick s'écrit Warewick ou
Warrewik. Edmond Langley, duc d'York, comte de Cambridge, 5ᵉ fils
d'Edouard III, était né en 1341. Il avait été nommé, en 1395, gardien
du royaume d'Angleterre et lieutenant de Richard II (Dugdale, *Baronage*, II, 154-156. — *Proceedings*, I, 60).

1. Arrêté, conclu (Godefroy, III, 760).
2. Erreur de copiste. Il faut lire quatorze. Voy. Rymer, III, iv, 96
et ci-dessus, p. 70.

Richart, par la grâce de Dieu, Roy d'Engleterre et de France et seigneur d'Irlande, à tous ceulz qui cestes lectres verront, salut. Savoir faisons que, pour l'oneur de Dieu et pour eschever l'effusion du sanc chrestien et les maulx et dommaiges irréparables qui, par le fait des guerres d'entre nous et nostre adversaire de France, pourroient ensuir en temps à venir, si comme ont esté avenus en temps passé, désirans de venir à bonne paix et concorde avecques nostre-dit adversaire et de mectre noz subgiez en paix, quiété et tranquillité, et confians à plain des senz, loyaultées, avise-mens et discrecions de noz très chiers cousins, Edwart, conte de Rutteland[1], Thomas, conte Mareschal et de Notingham[2], et William le Scroup[3], nostre chamberleyn, iceulz avons ordenné et commis, ordennons et commectons, pour et en lieu de nous, pour assembler avecques les oncles et autres députées de nostredit adversaire, aiant souffisant povoir de lui sur les faiz qui s'ensuent, en quelx-conques lieux et places esqueux leur bon semblera, pour le fait du traictié de paix susdicte.

Et avons donné et donnons, par ces présentes, à noz diz

---

1. Edouard d'York, comte de Rutland et de Cork, amiral d'Angle-terre, fils aîné du duc d'York (5e fils d'Edouard III) et d'Isabelle de Castille. Voy. *Froissart*, éd. Kervyn de L., t. XXIII, 61. H. Wallon, *Richard II*, t. II, 546. Dugdale, *Baronage*, II, 156, 158.

2. Thomas Mowbray, comte de Nottingham, maréchal d'Angleterre, capitaine de Calais. Il devint duc de Norfolk en 1397 et mourut à Venise le 22 sept. 1399. Voy. *Froissart*, édit. Kervyn de L., XXII, 299. H. Wallon, *Richard II*, t. II, p. 554, au mot Mowbray. Harris Nicolas, *Proceedings and ordinances*, I, 99-100.

3. Fils de Richard Le Scrop, chancelier d'Angleterre sous Edouard III. William Le Scrop, chambellan de Richard II, devint comte de Wiltshire (1397), capitaine de Calais (1398), trésorier d'An-gleterre (1399) et fut décapité par ordre de l'usurpateur Henri de Lan-castre, la même année. Il avait acheté, en 1393, l'île de Man à W. Montagu, comte de Salisbury. Voy. *Froissart*, édit. Kervyn de L., XXII, 90-91. H. Wallon, *Richard II*, t. II, 561, au mot Scrop (le). Dugdale, *Baronage*, I, 661-662.

deputez plain povoir, auctorité et mandement espécial de
convenir, traictier, composer, transiger, pacifier, et plainement et finablement accorder et venir en bonne paix et
accord sur touz debatz, contencions, questions, guerres,
riotes et discors meus et à movoir, ovec toutz leurs articles
et circonstances incidentz, émergentz, dépendentz et con-
nexes entre nous, nos royaumes, soubgiez et seigneuries,
amis, alliez, aidantz et adherens quelxconques, deça et dela
la mer, d'une partie, et nostredit adversaire, ses soubgiez
et seigneuries, amis, alliez, aidantz et adherentz quelxconques, d'autre partie, et, sur quanque sera ainsi traictié,
composé, transigé, pascicé et accordé, pour nous et nostre
partie avecques ceulx de la partie adverse, aians à ce souffisant povoir, de l'affermer et asseurer par foy et par serement sur les sains euvangiles à donner en l'ame de nous, et
d'octroyer et donner sur ce et les deppendentz d'icelles
tous maners de caucions, seuretées, promesses, obligacions
et lectres, scaulx, tantz et telx comme mestier sera, ou bon
leur semblera en tiel cas ; lesquelles nous volons avoir tiel
effet, vigour et fermeté comme si nous les eussiens donnez
et fait en nostre propre personne ; et de faire exécutier et
expédier et accomplir tous articles qui seront accordez, de
point en point, pour nous et nostre partie, sanz fraude ou
mal engin, si avant comme nous ferions mesmes, se nostre
propre personne y fust présente ; et de faire éxécuter et
expédier toutz autres articles qui aucunement pourroient
appartenir à bonne perfection et accomplissement de mesmes
le traictié de la paix et acord avant diz, de quele nature
qu'ilz soient, supposé que plus espécial mandement en seroit requis.

Et avons donné et donnons aussi, par ces présentes, à
noz diz deputez plain povoir, auctorité et mandement espécial d'accorder et prendre trièves pour vint et huit ans[1], à

---

1. Il y a « vint et sept ans » dans Rymer, mais c'est encore une erreur

commencier à la fin de ces présentes trièves, selon la forme et condicion de les trièves susdictes.

Et promectons loiaument, en bonne foy et en parole de Roy, de avoir et tenir tousjours ferme et agréable quanque fait sera en nostre nom par noz diz commis et deputez sur toutes et chascune des choses avandictes; et de donner noz lectres confirmatoires, scellées de nostre grant scel, sur toutz les poins que ainsi seront accordez et de les faire exécutier de point en point, en quant que en nous est, sans fraude ou mal engin; et ce promectons sur caucion et obligacions de tous noz biens présentz et à venir, sans jamais faire, dire, ne proposer, en jugement ne dehors, aucune chose à l'encontre.

Donné, par tesmoignance de nostre grant seal, à nostre manoir de Chilterne Langele[1], le trentiesme jour décembre, l'an de grâce mille trois cens quatre vins et quinze, et de nostre règne dix et noesisme.

Et nostredit seigneur nous ait semblablement commis et ordené à traictier pour lui et en son nom des choses dessus dites, comme il appert par ces lectres et povoir à nous sur ce baillés, desquelles la teneur s'ensuit:

Charles, par la grâce de Dieu, Roy de France, à tous ceulz qui ces lettres verront, salut. Savoir faisons que, pour l'oneur de Dieu et pour eschever l'effusion du sanc chrestien et les maulz et dommaiges irréparables qui, par le fait des guerres d'entre nous et nostre adversaire d'Engleterre, pour-

de copiste. D'ailleurs le chiffre « vint huit » se trouve dans les pouvoirs donnés par Charles VI à ses envoyés. Voy. ci-dessous. p. 78.

1. Le château royal de Langele (Langley) était situé dans le comté de Hertford (voy. Dugdale, *Baronage*, II, 154, au mot Langley (Edmond de) duc d'York). On l'appelait aussi château de Chiltern Langele, à cause des collines de Chiltern.

roient ensuir ou temps a venir, si comme sont advenuz ou temps passé; desirans venir à bonne paix et concorde avec nostredit adversaire et mectre noz subgiez en paix, repos et tranquillité, confians à plain des très grans senz, loyaultez, avisemens et prudences de nos très chiers et très amez oncles et frère, les ducs de Berry, de Bourgoingne, d'Orliens et de Bourbon, yceulx trois et deux d'eulz avons ordonné et commis, ordonnons et commectons, pour et en lieu de nous, pour, avec les deputez de nostre dit adversaire, ayans souffisant povoir de lui, sur les faiz qui ensuivent, assembler en quelconques lieux et places dont bon leur semblera, pour le fait du traictié de la paix dessus dicte; et avons donné et donnons, par ces présentes, à noz diz oncles et frère, à trois et à deux d'eulz plain povoir, auctorité et mandement espécial de convenir, traictier, composer, transiger, pacifier, et plainement et finablement accorder et venir à bonne paix et accord sur touz debaz, contempcions, questions, guerres, ryotes et descors meuz et à mouvoir, ensemble tous leurs articles et circonstances, incidences, emergences et dependences, entre nous, noz royaumes, subgiez, seigneuries, amis, aliez, aidans et adhérens quelxconques, deça et dela la mer, d'une part, et nostredit adversaire, ses subgiez et seigneuries, amis, aliez, aidans et adhérens quelconques, d'autre part;

Et sur quanque sera ainsi traictié, composé, transigé, pacifié et accordé, pour nous et nostre partie, avec ceulz de la partie adverse aians à ce souffisant povoir, de l'affermer et asseurer par foy et serement sur les sains euvangiles, à donner en l'âme de nous, et d'octroier et donner sur ce et ses dépendances toutes manières de caucions, seurtez, promesses, obligacions et lectres scellés, tant et telz comme mestier sera, ou bon leur semblera en tel cas; lesquelles nous voulons avoir tel effect, vigueur et fermeté comme se nous les eussions données et faictes en nostre propre personne;

Et de faire exécuter, expédier et accomplir tous articles qui seront accordez de point en point, pour nous et nostre partie, sans fraude ou mal engin, si avant comme nous mesmes ferions, se nostre propre personne y estoit présente;

Et de faire exécuter et expédier tous autres articles, qui aucunement pourroient appartenir à la bonne perfection et accomplissement desdiz traictiez et accors, de quelque nature qu'ilz soient, supposé qu'ilz requeissent plus espécial mandement.

Et avons donné et donnons aussi, par la teneur de cestes, à noz diz oncles et frère, à trois et à deux d'eulz, plain povoir auctorité et mandement espécial d'accorder et prendre trièves de vint huit ans, à commencier à la fin des trièves qui sont à présent entre nous et nostredit adversaire, et selon la forme et condicion d'icelles.

Et promectons loyaument, en bonne foy et en parole de Roy, avoir et tenir tousjours ferme et agréable quanque fait sera en nostre nom par noz diz oncles et frère, trois ou deux d'eulz, sur toutes et chascune des choses avant dictes; et de donner noz lectres confirmatoires, scellées de nostre grant seel, sur tous les poins qui ainsi seront accordez et de les faire exécuter de point en point, en tant que en nous est, sans fraude ou mal engin.

Et ce promectons sur caucion et obligacion de tous noz biens présens et à venir, sans jamais faire, dire, ne proposer, en jugement ne dehors, aucune chose au contraire.

En tesmoing de ce, nous avens fait mettre notre scel à ces présentes. Donné à Paris, le IIIe jour de mars, l'an de grâce mil trois cents quatre vins et quinze, et de nostre règne le XVIe.

1. Savoir faisons que, par vertu du povoir dessus transcript, et pour les causes dessus touchiées, et aussi à fin que la christienté puist estre socourue contre la malice et mauvaise entreprise des mescréans qui, en diverses parties, s'efforcent de la destruire et mectre à néant[1], et que nostre

---

1. Voy. Delaville Le Roux, *La France en Orient au* XIVe *siècle*, dans le 44e fasc. de la Bibliot. des Ecoles françaises de Rome et d'Athènes.

dit seigneur le Roy et son adversaire d'Engleterre, nous et les autres princes, d'un costé et d'autre, puissions miex vacquer à mectre nostre mère sainte Eglise, qui si longuement a esté en schisme[1] et division à bonne paix et vraye union, ainsi que, selon Dieu, doit estre fait, nous, Jehan, Phelip, Loys et Loys dessus nommez, pour et ou nom de mondit seigneur, avons octroyé, promis et accordé, et, par la teneur de ces présentes, octroyons, promectons et accordons trèves generales par mer et par terre, pour nostredit seigneur le Roy, ses successeurs, Roys de France, leur royaume, terres, seignouries et subgiez ; pour le Roy de Castelle et de Leon[2] ; pour le Roy des Romains[3] ; pour le Roy d'Escosse[4] ; le Roy d'Arragon[5] et le Roy de Navarre[6] ; la

1. La réconciliation de Charles VI et de Richard II pouvait contribuer au rétablissement de la paix et de l'union dans l'Eglise. Les deux rois y travaillèrent, comme le prouvent des documens contenus dans le carton J. 644 (n^{cs} 20, 21, etc.) aux Arch. nat.

2. Henri III (1390-1406), fils de Jean I et petit-fils de Henri II (de Transtamare), que Charles V avait soutenu contre Pierre le Cruel, allié de l'Angleterre. Le duc de Lancastre, Jean de Gand, avait épousé une fille naturelle de Pierre le Cruel et avait même pris le titre de roi de Castille, en 1386. Il est vrai qu'il avait renoncé à ce titre en fiançant sa fille, Catherine de Lancastre (1388), à Henri, prince des Asturies, dont il est ici question. Voy. H. Wallon, *Richard II*, 10, 394.

3. Wenceslas de Luxembourg, roi de Bohême, fils aîné et successeur de l'empereur Charles IV (1378-1400). On ne lui donnait pas le titre d'empereur parcequ'il n'avait pas été couronné à Rome. Voy. *Art de vérifier les dates*, II, 35-36, III, 460-461.

4. Robert III Stuart (1390-1406), fils et successeur de Robert II. Voy. Terrier de Lorray, *Jean de Vienne*, Paris, 1877, in-8, p. 179 et s.-J. Hill Burton, *History of Scotland*, Edinburg and London, 1877, in-8, t. III. p. 51 et s. H. Wallon, *Richard II*, t. II, 11-12, 395. Fr. Michel, *Les Ecossais en France, et les Français en Ecosse*, Londres, 1862, in-8, t. I, 79 et s.

5. Martin, fils puîné de Pierre IV. Il avait succédé, en 1395, à son frère aîné, Jean I.

6. Charles III (1387-1425), fils et successeur de Charles II, le Mauvais.

Duchesse de Brebant[1], le Duc et la commune de Jennes[2]; et
pour le Conte de la Marche d'Escosse[3], pour la Seignourie
de Man[4], alliez de Monseigneur le Roy, et pour leurs successeurs, royaumes, terres, seignouries et subgiez, par mer
et par terre, deça et dela la mer.

Lesquielx aliez fermeront et asseureront lesdictes trièves,
chascun par soy, dedens les termes et jours ci dessoubz limitez, ausquelz lesdictes trièves sont ordenées pour commencier et avoir leur vertu, ou plus tost, se faire se povoit
bonnement, sans fraude et mal engin, audit adversaire
d'Engleterre, ses successeurs, son royaume, ses terres, sei-

1. Jeanne, fille de Jean III, duc de Brabant, mort en 1355. Engagée
dans une guerre contre Guillaume I, duc de Gueldre (1386), elle avait
obtenu l'alliance du duc de Bourgogne, de Charles VI et de l'empereur; le duc de Gueldre avait eu celle de l'Angleterre. Un traité avait
déjà été conclu, en 1388, entre le duc de Gueldre et la duchesse de
Brabant. Elle mourut le 1er décembre 1406. Voy. *Art de vérifier les
dates*, III, 107-108. — *Chronique des ducs de Brabant*, par Ed. de
Dynter, t. III, p. 30 et s. 544 et s. dans la collection des chroniques
belges.

2. Le doge de Gênes, Antoniotto Adorno, menacé par un com-
pétiteur que soutenait Jean-Galéas Visconti, duc de Milan, conseilla
aux Gênois de se mettre sous le protectorat de la France. Le
traité fut signé à Gênes, le 25 oct. 1396. Adorno continua de gouverner, mais comme vicaire du roi de France, après son abdication
(27 nov. 1396). Gênes eut ensuite plusieurs gouverneurs français, dont
le plus connu est le maréchal de Boucicaut. (*Art de vérifier les dates*,
III, 753. Du Mont, *Corps diplom.*, II, 248 et s.).

3. Georges Dumbar, comte de March (conte de la marche d'Ecosse).
Son nom se trouve plusieurs fois dans les actes officiels de l'époque.
C'est lui qui fit à Froissart un accueil hospitalier, lors de son voyage
en Ecosse. Voy. *Froissart*, éd. Kervyn de L., XXII, 153. Harris Nicolas,
Proceedings, I, 114-115. — *Rotuli Scotiæ*, II, 118, 136, 148, 153.

4. L'Ile de Man était une petite souveraineté, dont le propriétaire
avait le titre de roi. Elle appartenait, depuis 1393, à William Le
Scrop, l'un des négociateurs de la trêve (v. ci-dessus, p. 74, n. 3),
mais elle était revendiquée par un seigneur écossais que la France
patronnait. C'est pour cela que le seigneur de Man figure parmi les
alliés de la France. Voy. H. Wallon, *Richard II*, t. II, p. 78.

gnouries et subgiez ; pour le Roy des Romains[1], l'adversaire
de Portugal[2], le Duc de Gelre[3], Jehan des Isles[4], et le Duc
et la commune de Jennes[5] et messire Guillaume le Scroup,
pour la seignourie de Man[6], aliez dudit adversaire, et pour
leurs successeurs, royaumes, terres, seignouries, et subgiez;
lesquelx aliez fermeront et asseureront lesdictes trièves,

1. On a vu, ci-dessus, que Richard II revendiquait aussi le titre
d'allié de Wenceslas, le roi des Romains.

2. Jean I, d'Avis (1385-1433), fils naturel du roi de Portugal,
Pierre I. Il avait été soutenu par l'Angleterre contre Jean I, roi de
Castille, allié de la France, qui avait réclamé la couronne de Portugal
après la mort de son beau-père Ferdinand (oct. 1383), fils et successeur de Pierre I. Les Anglais avaient même aidé Jean d'Avis à gagner
sur les Castillans la victoire décisive d'Aljubarota, qui lui avait assuré
le trône de Portugal (août 1385). Ensuite Jean d'Avis avait épousé
une fille du duc de Lancastre (1387) et aidé son beau-père à faire
valoir ses prétentions sur la Castille. Voyez H. Wallon, *Richard II*,
t. I, 276-277, 492.

3. Guillaume I de Juliers, duc de Gueldre en 1383, duc de Juliers
en 1393, après la mort de son père Guillaume VI, le Vieux. En 1386,
il fit la guerre à la duchesse Jeanne de Brabant (v. ci-dessus, p. 80,
n. 1). En 1388, il défia Charles VI, qui dirigea contre lui une expédition inutile. Après la trève de 1396, il recommença la guerre contre
la duchesse de Brabant (1397) et mourut en 1402 (*Art de vérifier les
dates*, III, 179-180).

4. Les îles Orkney (Orcades) et Shetland étaient sous la dépendance
de la Norwège. Leur gouverneur s'appelait le lord, ou roi des îles.
Elles avaient formé, avec l'île de Man, une confédération qui était
souvent en guerre avec l'Ecosse. C'est ce qui explique l'alliance des
rois des îles avec l'Angleterre. Jean, roi des îles, qui était mort à
la fin de 1387, avait laissé plusieurs fils, Jean, Donald et Godefroy,
qui figurent dans des documens officiels de l'époque. Jean des Iles
est déjà compris comme allié de l'Angleterre dans la trève de 1389.
Voy. Robert Douglas, *The peerage of Scotland*, Edinburg, 1764, in-fol.,
p. 360-361. — *The acts of the parliament of Scotland*, I, 196, 208.
Rotuli Scotiæ, II, 94-95, 155-156. Rymer, III, IV, pp. 27, 39, 40. John
Hill Burton, *History of Scotland*, III, 93-96.

5. On voit que l'Angleterre, comme la France, revendiquait alors
l'alliance de Gênes. Voy. ci-dessus, p. 80.

6. Voy. ci-dessus, p. 80.

chascun par soy, dedenz les termes et jours dessusdiz,
pour vint huit ans, commencans le jour de Saint Michiel, l'an
mille ccclxxx dix huit, soleil levant, que les autres dessus
dictes trièves derreinement prinses devoient faillir[1], et fenis-
sans le jour Saint Michiel, qui sera l'an mille quatre cens
vint six, après ensuiant.

Et avons promis et juré, en l'âme de nostre dit seigneur
le Roy, par vertu dudit povoir, par lui à nous donné, qu'il
tendra et gardera, et fera tenir et garder bien et loyaument
ces dictes trièves, tant par mer comme par terre, par tous les
lieux, païis et terres dudit adversaire d'Engleterre et de
sesdiz aliez et subgiez, sans faire, ou souffrir être faicte
aucune chose au contraire par lui ou ses subgiez ; et nous
jurons et promectons en noz propres et privez noms, que,
à noz loyaulx povoirs, nous les tendrons et garderons, et
ferons tenir et garder, comme ci-dessus et dessoubz est contenu ; et semblablement feront les aliez, d'une partie et
d'autre, qui vouldront jouir de ces dictes trièves, ou leurs
lieuxtenans ou procureurs, ayans souffisantz povoirs à ce,
ou cas qu'ilz seroient absens du païis.

Et, durant ces dictes trièves, cesseront et fera nostredit
seigneur le Roy cesser, par lui et ses subgiez, et aussi
feront lesdiz aliez, par eulz et leurs subgiez, cesser généralment et universalment toutes prinses de personnes, de biens,
de chasteaulx, villes fermées, fortereces et autres lieux,
pilleries, roberies, arsins, démolicions de maisons et de
murailles, abatemens d'arbres portans fruits et autres, et
tout autre fait de guerre par tous les royaumes, terres et
seignouries dudit adversaire d'Engleterre et de sesdiz aliez,
deça et dela la mer, quelconque cause ou occasion que ce
soit, soit pour cause du schisme de l'Eglise, ou autrement,
cessans toutes fraudes et mal engin.

Et pourront, durant le temps de cesdictes trièves, tous
les subgiez dudit adversaire d'Engleterre et de sesdiz aliez

---

1. Voy. ci-dessus, p. 73.

aler, venir et marchander de marchandises loisibles et non
défendues, comme sont armeures, artillerie et autres choses
semblables et invasibles[1], par terre et par mer; et aussi
pourront faire toutes autres euvres et besoingnes seurement
ès royaumes, terres, paiis et seignouries de nostredit seigneur
le Roy et de ses aliez dessus nommez, désarmez, excepté
d'espée et de coustel, sans estre empeschiez, arrestez ou
molestez par voye de marque[2], représaille ou contreprise, en
paiant toutesvoies les devoirs anciens et accoustumez, telz
comme font les aliez et bienvueillans de nostre dit seigneur
le Roy estrangiers, et autres devoirs ordenez et à ordener,
commes les propres subgiez de nostre dit seigneur le Roy
paient ou paieront ès lieux et paiis où ils seront. Toutesvoies
ne pourront ilz entrer ès chasteaulx de garde, villes fermes
ou autres fortereces, sens licence des seigneurs, capitaines
ou gardes desdiz lieux, ou d'autre, ayant povoir à ce; et s'ilz
y entrent par congié d'aucun qui n'ait puissance de leur
donner congié, ilz seront delivrez et s'en pourront partir
franchement; et celui qui ainsi leur aura donné ledit congié
sera tenu de les desdommagier et, oultre, sera pugny, selon
le cas; et, s'il n'a de quoi les desdommaigier, il en sera
plus griefment pugny du corps; et aussi pourront les gens
des fortereces de l'une partie acheter vivres de ceulx de
l'autre partie.

2. ITEM, que toutes marques ou représailles, c'est assavoir
de exécuter aucuns pour debtes d'autruy, seront défendues
estroittement d'un costé et d'autre; et, se aucuns font le
contraire, ilz seront pugniz par les conservateurs, ou par

---

1. Offensives (Godefroy, IV, 604. La Curne, VII, 93. Du Cange,
VII, 208).

2. Lettres de représailles (Du Cange, IV, 279, au mot *marcha*,
et VII, 226. La Curne, VII, 289. René de Mas-Latrie, *Du droit de
marque ou de représailles au moyen âge*, dans la Bib. de l'Éc. des
Chartes, t. XXII (1866), p. 529 et s.).

leurs seigneurs, comme rompeurs de trèves, rebelles et désobéissans, et contrains de rendre le double à la partie sur laquelle la marque ou représaille auroit esté faicte ; mais poursuivront leurs debtes par devant les conservateurs, ou par devant les juges ordinaires, à l'éleccion des demandeurs ; toutesvoies l'exécucion des marques qui desja ont esté données et adjugées par voye de raison et de justice ne sera point empeschée ne retardée pour occasion de ces présentes trèves, mais les paatiz[1] seront exécutez par la manière qui cy après sera dicte.

Et, pour ce que les patiz sont trop eccessifz en aucuns lieux et importables à ceulx qui les paient, il a esté et est accordé entre nous et les dessusdiz messaiges d'Engleterre qu'il y aura certaines personnes esleues et commises d'un costé et d'autre qui briefment les modéreront et diminueront sans croistre, et yront sur les lieux et ordeneront de la manière de lever lesdiz patiz, si comme en certaines lettres sur ce faictes à part, est plus à plain déclairié[2]; et, s'il semble aux diz commissaires que en aucuns des lieux qui paient lesdiz patiz ne chée aucune diminucion, demeurent lesdiz paatiz en l'estat où ilz sont.

3. ITEM, que, avant que aucune exécucion puist estre faicte, d'un costé ne d'autre, pour occasion desdiz patiz non paiez, après le terme passé, les seigneurs ou capitaines des lieux, ou autres aux quelx seront deubz les diz patis, requerront les debteurs d'iceulz patis de les leur paier ; et, s'ilz ne

---

1. Patis, apatis, etc., contribution fixée par un pacte (voy. La Curne, VIII, 225. Godefroy, I, 327. Du Cange, I, 311, au mot *apatisatio*). On appelait apatissements les traités qui déterminaient ces contributions. Souvent les places menacées, soit par les ennemis, soit par des routiers, aimaient mieux prendre des arrangements de ce genre que de s'exposer au pillage (voy. J. Quicherat, *Rod. de Villandrando*, 14, 15).

2. Rymer, III, IV, 219.

paient dedenz huit jours du temps qu'ilz seront requis, que
lors lesdiz capitaines, ou leurs lieuxtenantz, ou autres à qui
seront deubz lesdiz patiz, requierent souffisemment par
lettres les conservateurs des trèves particuliers ou généraulx
d'iceulx debteurs, lesquielx que miex leur plaira, ou l'un
d'eulx, qui les contraingnent de paier lesdiz patiz dedenz le
terme de trente jours prouchains ensuivans ; et, se encor
yceulz patiz ne sont paiez dedenz les termes dessusdiz, que
lors soit loisible à ceulx à qui lesdiz patiz seront deubz de
les éxécuter franchement sur les personnes qui les devront
et sur leurs biens en et sur les lieux apatissez, ou ailleurs
en leur territoire et ès territoires de ceulz à qui ilz seront
deubz, avec la quinte partie d'iceulz patiz pour tous dommaiges et despens, cessans toutes prises de lieux, et aussi
sans bouter feu et tuer homme, se ce n'estoit celui ou ceulz
qui, par force ou violence, vouldroient resister ou rebeller
par voye de fait, et sans en faire exécucion sur autres personnes, ne en autres lieux, fors ainsi que dit est.

4. ITEM, que, se aucuns des habitans des lieux appatissez
sont defaillans de paier leurs patiz et transportent leurs personnes et leurs biens hors des lieux apatissez et du territoire de ceulz à qui lesdiz patiz seront deuz, les capitaines
ou seigneurs à qui lesdiz patiz seront deubz n'en pourront
faire exécucion par eulx, mais pourront requérir les conservateurs des trèves des lieux es quiex ilz auront retrait leurs
personnes ou leurs biens, pour estre paiez ; et seront tenuz
les conservateurs par leurs seremens de les en faire paier
et leur y faire bon et brief accomplissement de justice ; et
se miex plaist à ceulz qui demanderont lesdiz patiz, ilz pourront poursuir ceulz qui les devront devant les juges ordinaires.

5. ITEM, que les patiz qui estoient deubz aux fortereces tenant la partie dudit adversaire, qui ont esté délivrées et mises
en l'obéissance de nostre dit seigneur le Roy, cesseront et

ne seront plus paiez ; mais, se les parroisses ou lieux qui
doivent lesdits patiz devoient patiz à autres fortereces qui
ne sont pas ainsi délivrées, et encores sont en la puissance
dudit adversaire, ilz les paieront telz comme ilz les paioient
à icelle forterece, sans les croistre, sauf la moderacion dont
mencion est faicte cy-dessus.

6. ITEM, se ès pais apatissez d'un costé et d'autre sont
aucuns villaiges inhabitez et pour lesquielx les habitans qui
estoient en yceulz en l'an mille CCCC quatrevins et huit[1], que
les trèves furent prinses entre les deux Roys, par nostredit
cousin de Lencastre et nous, duc de Berry, paioient patiz
et que les habitans qui seroient partis, ou autres, vouloient
retourner et habiter en yceulz villaiges et lieux, ilz ne paie-
roient aucuns arrérages du temps passé, mais seulement
pour le temps à venir et pour tele porcion raisonnable qu'il
y auroit de habitans et selon leurs facultez, à l'arbitrage des
conservateurs des deux parties, sauf que s'ilz devoient aucuns patiz pour le temps qu'ilz auroient demouré ès lieux
apaticiez, ilz les paieront pour le temps qu'ilz y auront
demouré.

Et, se ceulz qui y retourneront ou voudront demourer
paioient patiz à autres forterece, ilz paieront patiz aux lieux
dont ilz seront partis, ou au lieu où ilz yront demourer, à
l'arbitraige des conservateurs des deux parties, pourveu
que ilz ne paieront que en un lieu.

Mais, se le lieu ouquel lesdiz habitans devront paier patiz, par l'ordenance desdiz conservateurs, estoit apaticié à
plusieurs forterece, ilz paieront par la manière que ledit
lieu les paioit par avant. Et, toutesvoies, n'y pourront ilz
venir demourer sans le congié du capitaine à qui lesdiz patiz
seront deubz ; et lui promectront et jureront qu'ilz ne feront

---

1. Ces trèves ne s'appliquaient qu'à la Guyenne (voy. Rymer, III,
IV, 28-30). Elles furent conclues le 18 août 1388. Elles sont rappelées
dans les trèves du 18 juin 1389 (Rymer, III, IV, 41). Voy. ci-dessus, p. 70.

ne procureront que mal ou dommaige soit fait ou porté audit chastel ou forterece, ne aux gens qui demourront dedens.

Et, se ceulz qui y vendront demourer n'avoient point esté apaticiez, ilz feront ledit serement et paieront à ladite forteresce les devoirs anciens et accostumez, sans paier aucuns patiz.

Et se, ou temps dessusdit, l'an IIII^{xx} et huit, n'y avoit aucuns habitans, ou s'il y en avoit et ne feussent point apaticiez, et, depuis, le lieu feust devenu inhabitable, et aucuns y vouloient arrières habiter, ilz ne paieront aucun patiz.

7. ITEM, se, ès diz pais sont aucuns villaiges ou lieux apaticiez dès l'an dessusdit IIII^{xx} et huit, et que, pour les patiz excessifs, ou autrement, aucuns des habitans s'en soient partis, et non pas tous, et que ceulz qui seroient demourez n'eussent pas paiez les patiz entièrement, ceulz qui y retourneront, ou yront demourer, ne pourront estre contrains, ou executez, pour aucuns arrérages du temps passé, fors pour le temps qu'ilz y auroient demouré, comme dessus est dit; et, pour le temps à venir, paieront patiz raisonnables, selon le nombre des feux et leurs facultez, à l'arbitrage des conservateurs des deux parties, sans croistre ces patiz plus grans ne en autres lieux qu'ilz n'estoient en l'an dessusdit IIII^{xx} et huit, en ce cas ne en autres quelxconques.

8. ITEM, que, s'aucune forteresce de l'une partie ou de l'autre, ou de leurs aliez, estoit sans avoir aucunes raençons ou patiz, ne avoir eu depuis ledit an IIII^{xx} et huit, et aucuns subgiez de l'un costé ou de l'autre, qui auroient héritage plus près de ladicte forterece que d'autre forterece adverse, y venoient labourer ou cultiver leurs diz héritages, ou prendre aucuns prouffiz, celui ou ceulz qui ainsi y vendroient demourer, ou cultiver leurs diz héritaiges, ou autres prouffiz prendre, seront tenuz de paier au seigneur, ou capitaine de ladicte forterece qui n'auroit aucuns raençons ou patiz, les devoirs deubz d'ancienneté au seigneur d'icelle forterece,

pourveu que les héritages du demaine dudit chastel, dedens les termes dessusdiz, nul ne pourra labourer ne habiter sans le congié du seigneur ou capitaine dudit chastel,
et fera le serment comme dessus ; et pourveu que nul banny
ne forjugié[1] par nom expressement et par bon procès ne
sera souffert y habiter, ne labourer lesdiz heritaiges, ne
autres prouffiz prendre, d'une part ne d'autre, sans le congié ou licence du seigneur ou capitaine dudit chastel ; et, se
ceulz qui y habiteront, ou laboureront, comme dit est, font
aucuns delicts, meffaiz, ou excez ès diz lieux ou mettes, le
seigneur ou capitaine d'icelle forterece en aura toute cognoissance et punicion.

9. Item, est accordé que aucune ville, ou forterece, ne
sera faicte de nouvel, ne vieille forterece qui, de présent,
n'est tenue, enforciée de nouvel par l'une des parties, ne
par leurs subgiez ou aliez, dedenz l'espace de sept lieues
de chastel, ville forte ou autre forterece de l'autre partie,
ou de ses subgiez, ou aliez, sans leur congié, durant ces
dictes trièves ; et, se le contraire estoit fait, que tantost tout
soit réparé ; et est à entendre l'espace des sept lieues dessus
dictes ou paiis où l'en compte par lieues, et de vint milles
ou paiis où l'en compte par milles, pour les dictes sept lieues.

10. Item, que, durant ces dictes trièves, aucuns chastel,
ville, ou forterece ne pourra estre pris, receu, soustrait,
ou acquis de l'une partie sur l'autre par force d'armes, par
eschielement, donacion, permutacion, engaigement, vendicion, ou par autres quelzconques contract, tiltre, ou couleur ;
et, se aucune chose est attemptée au contraire, sans difficulté
quelconque sera ramenée ou premier estat.

Et, s'il avenoit que aucuns de l'une des parties preissent
forterece en l'obéissance de l'autre partie, celui sur qui
ladite forterece seroit prinse la pourra recouvrer et prenre

---

1. Banni, condamné. (Godefroy, IV, 80. La Curne, VI, 267).

par voye de fait, ou autrement, comme bon lui semblera, et punir les malfaiteurs si comme il appartendra, selon le cas.

Et seront tenus les conservateurs de la partie de ceulz qui auront prins ladite forterece à lui aidier par cinquante combatans, ou au dessoubz, selon ce qu'ilz seront requis de la partie adverse, et le plus tost que bonnement pourront, aux despens de leur seigneur.

Et, se mieux plaist à la partie sur qui ladite forterece aura esté prise, elle pourra sommer les conservateurs de l'autre partie que ladite forterece lui facent rendre et restituer et punissent lesdiz malfaiteurs; et seront tenuz de le faire, à leur povoir.

Et, se ceulz qui auront occupé ladicte forterece ne vouloient obéir, les conservateurs des deux parties seront tenuz d'eulz assembler et mectre lesdiz malfaiteurs en obéissance et les punir comme il appartendra, selon le cas; et la dicte forterece recouvrée sera rendue à l'adversaire de qui obéissante elle estoit, ou à ses gens.

11. ITEM, ne souffrera nostre dit seigneur le Roy, ne autre de ses aliez, en tant comme à eulz et à chascun d'eulz appartendra ou leurs subgiez, aucunes personnes ou biens estre pris, à cause de guerre ou autrement, ne arrestez, molestez ou empeschiez ou possessions usurpées ès terres et paiis dudit adversaire d'Engleterre, ne de ses diz aliez, ne de leurs subgiez, contre la teneur de ces dictes trièves.

Et se aucunes personnes, biens, terres ou lieux estoient prinses, occupées ou usurpées, durans et contre les dictes trièves, nostre dit seigneur le Roy et ses diz aliez, chascun en tant qu'il lui puet touchier, chascun en ses terres et seignouries, feront délivrer les personnes, biens, et les lieux et terres rendre et restituer sans delay, contredit, ou difficulté aucuns, si tost que requis en seront.

Et ne sera aucun fort fait, ne de nouvel enforcié par les gens et subgiez de nostre dit seigneur le Roy, ne de ses diz aliez, en tant comme à chascun d'eulz pourra appartenir, ès terres et seignouries dudit adversaire d'Engleterre, ne de ses diz aliez, durans les dictes trièves.

12. ITEM, que, se aucuns, tenans l'une des parties, faisoient aucuns dommaiges ou paiis et sur les subgiez de l'autre partie, en prenant personnes, biens, ou autrement, s'ilz estoient trouvez ès paiis où ilz auront meffait par les conservateurs ou officiers, en quelque paiis que le domaige seroit fait, ceulz qui les trouveroient, ou les gens d'icelui seigneur, les pourroient prendre, ou mectre en prison, se c'estoit ès lieux enclavez en frontière, ou à trois lieues près de forterece de l'obéissance de la partie que les malfaicteurs tendroient; et seront tenuz de le faire savoir aux conservateurs de l'autre partie dedens quinze jours [après, et lors les conservateurs][1] d'une partie et d'autre se assembleront, et, parties oyes, cognoistront et jugeront du cas, si comme il appartendra; et le jugement fait sera éxécuté par les conservateurs de la partie en quel territoire les malfaiteurs auroient delinquez; et, s'ilz avoient delinquez et estoient prins hors de lieux enclavez en frontière, ou entre[2] les dictes trois lieues, la cognoissance et punicion en appartiendra au conservateur ou seigneur en quel territoire ilz auroient meffaiz.

13. ITEM, que, se aucuns de l'une des parties meffaisoient ou territoire de l'autre et ne feussent prins par ceulx du territoire où ils auroient meffait, et se retraissent soubz le seigneur de qui ilz tendroient la partie, les conservateurs d'icelles parties, sur ce requis, seroient tenus de faire délivrer les personnes, s'aucuns estoient prins, réparer l'attemptat et les dommaiges des biens des malfaicteurs, si avant

---

1. Ces mots manquent dans le texte de Rymer.
2. *Outre*, dans Rymer. Dans l'original de la ratification de la trève par Richard, II il y a *entre* (Carton J. 643, n° 15 ter, aux Arch. nat.).

comme ilz pourront extendre; et, là où ilz ne pourroient trouver de biens desdiz malfaicteurs, pour ce faire, de les faire punir selon le cas.

Et, se les malfaicteurs ne vouloient obéir, et mestier estoit, les conservateurs de l'autre partie, s'ilz en estoient requis, seroient tenus de aider, aux despens de leur seigneur, les conservateurs de la partie d'iceulx qui auroient meffait, pour les mectre à obéissance et punir selon leurs meffaiz, de tel aide et nombre de gens comme dessus est dit, et tout sans fraude ou malengin.

Et, pour ce que, pour avoir et nourrir bonne paix et amour, par le plaisir de Dieu, entre nostredit seigneur le Roy et le Roy d'Engleterre et leurs royaumes et subgiez, le mariage dudit Roy d'Angleterre avecques nostre dame Ysabeau, fille ainsnée de nostre dit seigneur Roy, a esté naguères traictié et accordé[1], est aussi promis et accordé que, s'il avenoit, que Dieu ne veulle, que, par mort ou autrement, ledit mariage feust dissolu ou empeschié, en quelque manière que ce feust, néantmoins ces présentes trièves demourront en leur force et vertu; ne, pour aucun meffait, attemptat ou entreprise, se aucuns entrevenoient, en aucunes parties des royaumes, terres, seigneuries et pais dudit adversaire, de ses subgiez, ou aliez, ou de nostre dit seigneur le Roy, ses subgiez, ou aliez, que Dieu ne vueille, contre les choses dessus dictes, ou aucunes d'icelles, ne seront ces dictes trièves, ne pourront estre tenues ou réputées, en icelles parties, ne ailleurs, pour enfraintes, ne guerre pour ce estre faicte, d'une partie ou d'autre, ne prinse ou assiégee ville forte, chastel ou autre forteresce, ne mort d'omme ou murtre commis, ne raençonné personne, ne marchandises empeschées, ne autres griefs quelconques faiz, mais seront réparez et remis au premier et deu estat lesdiz meffaiz, attemptaz ou entreprinses faiz par ceulz de la partie de nostre dit seigneur le

1. Rymer, III, IV, 111-115.

Roy et de ses diz aliez, tant par mer comme par terre, en tant comme à chascun par soy touchera, par les conservateurs et commissaires que nostre dit seigneur le Roy et ses diz aliez feront ordenner en chascun desdiz pais sur le fait des dictes trièves; et seront lesdiz malfaicteurs puniz selon ce que le cas le requerra.

14. ITEM, que les Roys de Castelle et d'Escoce et les autres aliez de nostre dit seigneur le Roy dessus nommez qui vouldront estre comprins en ces présentes trièves, accepteront, jureront et affermeront, feront accepter, jurer et affermer par tous les seigneurs, officiers et subgiez de leurs pais, dont ilz seront requis par la partie du dit adversaire de notre dit seigneur le Roy, de tenir et garder, et faire tenir et garder ces dictes trièves ainsi accordées et jurées par entre les deux seigneurs principaulx, pour eulx, leurs subgiez et aliez, selon la fourme et teneur d'icelles et aux termes limitez comme dessus, ou si tost après comme faire se pourra, sans fraude et mal engin.

Et, s'ilz estoient refusans de le faire, celui ou ceulx, qui ce faire ne vouldroit ou ne vouldroient, seroit ou seroient exclus et mis hors de tous les manières de bénéfices de ces dictes trièves.

Et, quant à tous autres, d'une part et d'autre, qui ces dictes trèves vouldront accepter, jurer et affermer, icelles trèves tendront et auront leur force et effect sans fraude et mal engin.

Et semblablement ledit adversaire d'Engleterre acceptera, jurera et affermera, et fera accepter, jurer et affermer par les seigneurs de ses pais et ses officiers et subgiez, dont il sera requis de la partie des roys de Castelle et d'Escoce, et des autres aliez de nostre dit seigneur le Roy, dessus nommez, et de chacun d'eulx, de tenir et garder et faire tenir et garder ces dictes trèves, ainsi prinses et accordées comme dessus est dit, et aux termes limitez, ou si tost après comme faire se pourra, sans fraude et mal engin.

Et, s'ilz estoient refusans de le faire, celui ou ceulz qui faire ne le vouldroit ou ne vouldroient, seroit ou seroient exclus et mis hors de tous les manières de bénéfices de ces dictes trèves.

Et quant à tous autres, d'une part et d'autre, qui ces dictes trèves vouldront accepter, jurer et affermer, icelles trèves tendront et auront leur force et effect sans fraude et mal engin.

Et s'aucune doute, ambiguité ou obscureté cheoit en ces trèves, ou en aucun point d'icelles, nostre dit seigneur le Roy et son adversaire d'Engleterre, commectront teles personnes, comme bon leur semblera, pour déclarer la doubte, ambiguité ou obscureté qui y cherroit.

Et avecques ce, est accordé que nous ferons confermer ces dictes trèves par nostre dit seigneur le Roy et sur ce donner et octroier ses lectres de confirmacion, ès quelles noz présentes lectres seront encorporées de mot à mot.

Et les jureront les deux seigneurs, c'estassavoir nostredit seigneur le Roy, en la présence des messaiges du dit adversaire d'Engleterre, et le dit adversaire en la présence des messaiges de nostredit seigneur le Roy.

Et semblablement le feront les aliez d'une partie et d'autre, entre ceulx qui auront guerre les uns contre les autres.

Et, avec ce, feront que les capitaines et officiers principaulx de guerre de la partie de nostredit seigneur le Roy, des quelx ilz seront requis par les conservateurs de ces dictes trèves, pour la partie adverse, promectront et jureront les tenir et garder et faire tenir et garder loyaulment et véritablement.

Et semblablement les jureront les diz conservateurs, cessans en toutes les choses dessusdictes, et chacune d'icelles, toutes fraudes et mal engin.

Et sont et seront ordenez conservateurs de ces dictes trèves :

Premièrement, en et par toute la mer et en toutes les costières du royaume de France, l'admiral et le visadmiral, qui sont et qui pour le temps seront et chascun d'eulx,

Ou pais de Flandres, le sire de Guistelle[1] et le souverain bailli de Flandres, ou son lieutenant, et chascun d'eulz,

Ou pais de Picardie, le capitaine général du dit paiis, ou ses lieutenants, et chascun d'eulz,

En toute Normandie, le conte de Harecourt[2] et le viconte de Meleun[3],

Généraulx conservateurs, et chascun d'eulz;

Et ou dit pais de Normendie, oultre Saine, le sire de Hambuye[4], le sire de la Ferté[5] et le sire de Thorigny[6], et chascun d'eulz, particuliers conservateurs;

Ou pais de Caux, le sire d'Estouteville[7] et le sire de Boissay[8] particuliers conservateurs et chascun d'eulz;

1. Jean VI de Ghistelles, ou Guistelle, conseiller et chambellan du duc de Bourgogne (*Froissart*, éd. Kervyn de L., XXI, 404. *Trésor généalogique* de D. Villevieille, XLIII, fol. 103, 104).

2. Jean VII, comte de Harcourt et d'Aumale, capitaine général de Normandie. Il mourut en 1452 (G. A. de La Roque, *Hist. généal. de la maison de Harcourt*, I, 398 et s. Anselme, V, 133-134).

3. Guillaume IV, comte de Tancarville, fils de Jean II (voy. ci-dessus, p. 50, note 9), vicomte de Melun, général réformateur des eaux et forèts (1394), gouverneur de Gênes (1396), grand bouteiller de France en 1402 (Anselme, V, 227, VIII, 553, 877).

4. Guillaume Painel (ou Paynel), seigneur de Hambye. Il servait, sous le comte de Harcourt, en Normandie (La Chenaye-Desbois, XIII, 474. Clairambault, *Titres scellés*, LXX, p. 5625).

5. Jean IV, sire de La Ferté-Fresnel. Il servait aussi en Normandie sous le comte de Harcourt. Il mourut en 1412 (La Chenaye-D., VII, 966. Clairambault, *Titres scellés*, XLVII, p. 3507).

6. Hervieu, ou Hervé, de Mauny, sire de Thorigny. Il concourait également, sous le comte de Harcourt, à la défense de la Normandie (La Chenaye-D., XII, 474. Clairambault, *Titres scellés*, LXXII, p. 5625).

7. Jean II d'Estouteville, fils de Robert VI d'Estouteville, qui venait de mourir (fév. 1396). Jean d'Estouteville fut grand bouteiller de France (Anselme, VIII, 90, 575).

8. Robert de Boissay, maître d'hôtel de Charles VI (*Froissart*, édit. Kervyn. de L., XVI. 303. La Chenaye-D. III, 432. L. Douët d'Arcq, *Choix de pièces inédites, relatives au règne de Charles VI*, t. I, 334, 341; et *Nouveau recueil de comptes de l'argenterie des rois de France au XIVe s.* Soc. de l'hist. de France, p. 242, 249).

En la duchié de Bretaigne, le sire de Rieux[1] et messire Estienne Goyon[2] et chascun d'eulz,

Ou pais d'Anjou, du Maine et de Touraine, messire Guillaume de Craon, sire de Marsillac[3], et le sire de Mathefelon[4] et chascun d'euz,

Ou pais de Poitou le sire de Partenay[5] et le senescal de Poitou qui est et sera, et chascun d'eulz,

En Berry, messire Gauchier de Passac[6] et le Senescal de Berry, qui est et sera, et chascun d'eulz,

En Pierregort, Xaintong et Angolmois, le sire de Coucy[7] et le sire de Pons[8],

Généraulx conservateurs;

Et les seneschaux desdiz pais, ou leurs lieuxtenans, qui sont et qui pour le temps seront, particuliers conservateurs, chascun senescal en sa seneschaucée,

Ou pais de Limousin, le seneschal dudit pais qui est et

1. Jean II de Rieux. Il fut nommé maréchal de France le 29 déc. 1397 et remplaça L. de Sancerre, créé connétable le 26 juillet précédent. Jean de Rieux mourut en 1417 (Anselme, VI, 762).

2. Et. Goyon, seigneur de Launay-Bouquien, capitaine de Rennes (Anselme, V, 394).

3. Guillaume II de Craon, fils aîné de Guillaume I, chambellan de Charles VI. Il prit part à la croisade de Nicopolis (Anselme, VIII, 571. Voy. ci-dessus, p. 50, n. 2).

4. Pierre de Mathefelon, premier baron d'Anjou. Il fut tué à Nicopolis (La Chenaye-D. V., 100).

5. Guillaume VII Larchevèque, seigneur de Parthenay (1358-1401), un des plus puissants seigneurs du Poitou. Devenu vassal de l'Angleterre, après le traité de Brétigny, il s'était soumis à Charles V, en 1372 (Bél. Ledain, *Hist. de Parthenay*, Paris, 1858, in-8, p. 176-201).

6. Gauchier de Passac, chambellan de Charles VI et du duc de Berry, un des plus vaillants chevaliers de son temps (Clairambault, *Titres scellés*, t. LXXXIII et LXXXIV. Pièces originales, t. 2209, n° 14).

7. Voy. ci-dessus, p. 49, n. 9.

8. Renaud, VI, sire de Pons, vicomte de Turenne et de Carlat. Il était sous le commandement d'Enguerrand de Coucy, capit. gén. de Guyenne. Il mourut très âgé, en 1427 (Pièces originales, t. 2329, nos 255, 256, 279, 282).

qui pour le temps sera, et le sire de Linières[1], et chascun d'eulz;

Ou pais d'Auvergne le conte Daulphin d'Auvergne[2] et le mareschal Bouciquaut[3] généraux conservateurs, et Ponchot de Lengac[4] particulier conservateur illec;

En Bourbonnois, le sire de Beauvoir[5] et le bailli de Bourbonnois qui est et sera, et chascun d'eulz,

En Agenoys, Gascoingne, Bordeloys, Bayonnoys, et en toute la duchié de Guienne, et en toute la Languedoc, le comte d'Armengnac[6] et messire Loys de Santerre[7], mareschal de France, généraulx conservateurs;

---

1. Philippe de Linières, cousin germain du maréchal de Boucicaut, qu'il suivit à Constantinople. Il mourut en 1411 ou 1412. Il appartenait à une des plus illustres familles du Berry (Anselme, VIII, 834. Clairambault, LXV, n· 5063. La Chenaye-D., XII, 119. Delaville Le Roulx, *La France en Orient au quatorzième siècle*, p. 183, n. 4).

2. Béraud II, le Grand, fils de Beraud I, comte de Clermont et dauphin d'Auvergne. Il fut un des protecteurs de Froissart, qui l'appelle le *gentil dauphin* (*Froissart*, édit. Kervyn de L., XX, 212, 214. Baluze, *Hist. généal. de la maison d'Auvergne*, Paris, 1708, in-fol., I, 197 et s. Anselme, VIII, 51. Voy. ci-dessus, p. 49, n. 14).

3. Jean Le Maingre, dit Boucicaut II, comte de Beaufort et d'Alais, vicomte de Turenne, créé maréchal de France le 23 déc. 1391. Il fut gouverneur de Gênes en 1401. Pris à la bataille d'Azincourt, il mourut en Angleterre, en 1421 (Th. Godefroy, *Hist. du maréc. de Boucicaut*, Paris, 1620, in-4. Cette histoire se trouve aussi dans la Collect. Michaud et dans le Panthéon littér. Delaville Le Roulx, *La France en Orient*, passim. Anselme, VI, 753 et s.) Voy. ci-dessus, p. 34, n. 1.

4. Ponchot (ou Ponchon, ou Pons) de Langhac (ou Langeac) chambellan du duc de Berry, sénéchal d'Auvergne (Baluze, *Hist. généal. de la maison d'Auvergne*, II, 230, 364, 408, 414. — Pièces orig. t. 1639, n. 107 à la Bib. nat.).

5. Blain Loup, sire de Beauvoir, « maréchal de Bourbonnais, vaillant chevallier» dit la Chronique du bon duc Loys de Bourbon (édit. A. M. Chazaud, p. 138). Froissart l'appelle le *Louvart* (La Chenaye-D. XII, 498 à la Bib. nat.).

6. Bernard VII, comte d'Armagnac (1391-1418), connétable de France en 1415 (Anselme, III, 421).

7. Louis de Santerre avait été nommé maréchal de France en 1369,

Et les seneschaulx des seneschaucées desdiz pais, particuliers conservateurs, chascun seneschal en sa seneschaucée,
avec les diz conte ou maréchal, ou leurs commis[1]:

après Arnoul d'Audrehem. Il fut ensuite créé connétable (26 juillet
1397) après la mort de Philippe d'Artois, comte d'Eu, pris à Nicopolis (Anselme, II, 851, VI, 204).

1. Les pièces 15 et 15 ter du carton J. 643 donnent ici les noms
des conservateurs de la trève pour l'Angleterre :

Premièrement, en et par toute la mer, les deux amiraulx d'Engleterre estans pour le temps, ou leurs lieuxtenans, joinctement et seurement (pour severalement, c.-à-d. séparément, comme ci-dessous);

Es pais et marches de Calais, d'Artoiz, de Picardie, de Flandres et
des autres pais illecques adjacens, les capitaines des villes et chasteaux de Calais, Guines et Hammes ou leurs lieuxtenans estans pour
le temps, joinctement et seurement;

Es marches de Bretaigne, le capitaine de Brest, ou son lieutenant,
estans pour le temps;

Es marches de Normandie, le gouverneur des isles de Garnesay et
Jarsay, ou son lieutenant, qui pour le temps sera ;

Les généraulx conservateurs, sur tous autres conservateurs, par
tout Guienne;

Premièrement, le lieutenant ou seneschal de Guienne, les mayeur
et connestable de Bordeaux qui pour le temps seront, ou leurs lieuxtenans en leur absence, joinctement et seurement ;

En Bigorre, messire Jehan Bearn, seneschal, messire Jehan Pom-
mers, le sire du Gaveston ou leurs lieuxtenans joinctement et seurement ;

En les Landes, le seneschal des Landes qui pour le temps sera, le
sire de Lescun, ou leurs lieuxtenans, joinctement et seurement;

En Besadès, le sire de Rosan et le sire de Landras, ou leurs lieuxtenans, joinctement et seurement ;

En Agenois, Noper, sire de Caumont, et le sire de Bordes, ou leurs
lieuxtenants, joinctement et seurement ;

En Pierregort et Sarladès, le sire de Mucidan, le sire de Badefueil,
ou leurs lieutenants, joinctement;

Es pais et marches de Poyto, Sentonge et d'Angolemoys et ès
marches de Lymosin, le cappital Buch et le soudan de La Traue, ou
leurs lieuxtenans, joinctement ;

En Bourdeloys, le sire de Durast et le sire de Montferant, ou leurs
lieuxtenans joinctement et severalement, (c.-à-d. séparément. Voy. La
Curne de Ste-Palaye, IX, 419).

Et chascun des conservateurs dessus nommez ont et auront povoir, chascun ou pais où il est ordené, seulz et pour le tout, pour faire réparer et amender tous trespas et dommaiges qui seront faiz ou donnez encontre la teneur de ces dictes trêves, et de punir tous malfaiteurs, selon que les cas le requerront.

En tesmoing de ce, nous avons fait mectre noz seaulx à ces présentes lectres.

Donné à Paris, le ix° jour de mars[1], l'an de grâce mille CCC quatrevins et quinze.

Lesquelles lectres, dessus transcriptes et toutes les choses et chascune d'icelles dedens contenues, les quelles noz oncles et frère, dessus nommez, ont faictes en nostre nom et pour nous, nous avons agréables, et les loons et approuvons et les confermons par la teneur de ces présentes,

Et promectons loyaument, en bonne foy et en parole de Roy, et jurons en l'âme de nous et sur les sains Euvangilles de Dieu, en la présence de noz diz oncles et frère et de nostre grant conseil, que les lectres dessus transcriptes, et les trêves[2] dont elles font mencion, et toutes les autres choses et chascune dedens contenues nous tendrons et garderons et ferons tenir et garder, par nous et par nos subgiez, à nostre dit filz d'Engleterre et à ses subgiez et aliez, pour eulx et leurs royaumes, terres, pais et seignouries, et, à nostre loyal povoir, les ferons tenir et garder par noz aliez dessus nommez et par leurs subgiez, en la forme et manière que les lectres dessus transcriptes le contiennent.

Et chacun dessus nommés ont et auront povoir en leurs marches, seulz, et pour le tout, pour faire, réparer et amender tous trespas...
.....et dommaiges qui seront faiz ou donnez encontre la teneur de ces dictes trèves, etc. (Carton J. 643, n°s 15 et 15 ter).

1. En 1396, Pâques tomba le 2 avril.

2. On lit « trèves » dans J 643, n°s 15 bis et 15 ter, « lectres » dans Rymer.

En tesmoing de ce, nous avons fait mectre nostre scel à ces lectres.

Donné à Paris le xi° jour de mars, l'an de grâce mille trois cens quatrevins et quinze, et de nostre règne le xvi°.

Par le Roy, en son grant conseil, ouquel messires les ducs de Berry, de Bourgoingne et d'Orléans et de Bourbonnoys, le connétable, vous[1], le viconte de Meleun[2] et autres estiez.

Goutier.

1. « Vous » c.-à-d. le chancelier (Arnaud de Corbie).
2. Voy. ci-dessus, p. 94, n° 3.

IV.

TRAITÉ CONCLU A TROYES

ENTRE CHARLES VI ET HENRI V

LE 21 MAI 1420.

Trois ans après la trêve de 1396, Richard II était renversé par Henri de Lancastre (août 1399), qui régna ensuite sous le nom de Henri IV (1400-1413). Cette révolution, suivie de la mort violente de Richard (14 février 1400), ranima les hostilités entre la France et l'Angleterre, sans que la trêve de vingt-huit ans fût formellement rompue. Elle fut même confirmée plusieurs fois pendant le règne de Henri IV, d'abord le 29 janvier 1400[1], puis le 27 juin 1403[2], et il y eut, à diverses reprises, depuis 1406, des négociations pour arriver à la conclusion d'une paix perpétuelle entre les deux royaumes[3]. Henri IV vit son alliance recherchée par les Armagnacs ; il envoya des secours au duc d'Orléans, en 1412[4], mais il ne profita pas autant qu'il eût pu le faire des discordes qui affaiblissaient la France. Son fils, Henri V (1413-1422), tout en réclamant l'exécution du traité de Brétigny, signa, le 25 septembre 1413, une trêve[5], qui fut prorogée les années suivantes, le 24 janvier 1414[6], le 24 janvier[7], le 24 avril[8] et le 10 juin[9] 1415. En même temps, il négociait avec le duc de Bourgogne, sans rien abandonner de ses prétentions vis-à-vis de la France[10], et, le 28 juillet 1415, il sommait le roi de

1. Rymer, III, iv, 170, 176. Le 18 mai 1400, Henri IV promet d'observer la trêve de 1396 (Rymer, III, iv, 183).

2. Rymer, IV, i, 46-47.

3. Rymer, IV, i, 95, 122-127, 130, 140-144, 174 et s., 184 et s. H. Nicolas, *Proceedings*, II, 19.

4. Traités de Bourges et de Buzançais (8 mai, 14 nov. 1412) entre Henri IV et les Armagnacs (Rymer, IV, ii, 12-14. E. Cosneau, *Le Connétable de Richemont*, 25-27).

5. Rymer, IV, ii, 40, 48. Religieux de Saint-Denis, IV, 228.

6. Rymer, IV, ii, 60, 62-66, 69, 81.

7. Rymer, IV, ii, 102-103.

8. Rymer, IV, ii, 113.

9. Rymer, IV, ii. 127-129, — *Proceedings*, II, 153.

10. De Beaucourt, *Charles VII*, I, 132, 255 et s. Rymer, IV, ii, 106-113, 127-129. — *Proceedings*, II, 153 et s.

France d'exécuter le traité de Brétigny [1]. Le mois suivant, il débarquait en France et recommençait la guerre.

Vainqueur à la bataille d'Azincourt (25 octobre 1415), Henri V négocia, tantôt avec le dauphin Charles, dirigé par les Armagnacs, tantôt avec le duc de Bourgogne, Jean sans Peur [2]. Après le meurtre de Jean sans Peur (10 septembre 1419), Henri V comprit qu'il pouvait se faire donner, au lieu d'une partie de la France, le royaume entier. Il trouva dans Philippe le Bon un allié prêt à le seconder en tout et conclut avec lui, le 2 décembre 1419, à Arras, un premier traité d'alliance [3] puis, à Rouen, le 25 décembre, un second traité contre le Dauphin [4]. Le roi d'Angleterre devait épouser Catherine, fille de Charles VI [5], être reconnu héritier de la couronne de France, et, en attendant la mort de son beau-père, gouverner le royaume, en qualité de régent. Telles furent les bases des négociations qui se poursuivirent à Mantes et à Troyes, pour la conclusion d'un autre traité avec le roi de France. Les préliminaires furent arrêtés le 9 avril [6]. Dans une grande assemblée tenue à Paris, au parlement, le 29 avril, le chancelier de France, Eustache De Laitre, fit connaître ces conditions, sans soulever aucune protestation [7]. Quand tout fut ainsi préparé, Isabeau et Philippe le Bon se firent conférer par Charles VI pleins pouvoirs de négocier le mariage de Henri V avec Catherine de France [8] et la paix entre les deux royaumes (19 mai 1420) [9]. Le roi d'Angleterre arriva le lendemain à Troyes.

1. Religieux de Saint-Denis, V, 526-530. Jouvenel des Ursins, 289.

2. En nov. 1417, conférences de Barneville entre les envoyés français et anglais (Rymer, IV, III, 25-28. De Beaucourt, *Charles VII*, t. I, 276-78). En nov. et déc. 1418, conférences d'Alençon et de Pont-de-l'Arche (Rymer, IV, III, 70-75, 79-80. De Beaucourt, *Charles VII*, t. I, 287 et s.). En février 1419, conférences de Louviers, entre les Anglais et le Dauphin Charles (Rymer, IV, III, 84-85). Trêve de Rouen (12 février) entre le Dauphin et Henri V (Rymer, IV, III, 91, 93). Négociations entre Henri V et Charles VI, c.-à-d. Jean sans Peur, et conférences de Meulan, de mai à août 1419 (Rymer, IV, III, 119-121, 124, 129-131).

3. Rymer, IV, III, 140 et s.

4. Rymer, IV, III, 144 et s. (en latin).

5. Rymer, IV, 110, 125. Champollion-Figeac, *Lettres de rois*, etc., II, 372-373.

6. Rymer, IV, III, 164-166. — *Ordonnances*, XI, 91, note.

7. Félibien, *Histoire de Paris*, II, 799, IV (Preuves), p. 582-583.

8. Félibien, *Hist. de Paris*, II, 799, IV, 584. Relig. de S. Denis, VI, 379.

9. Rymer, IV, III, 170.

C'est là que fut signé, le 21 mai, le traité qui livrait la France
aux Anglais. Il fut juré à Paris, dans une autre assemblée solennelle, tenue le 30 mai 1420 [1].

Le traité de Troyes se trouve dans le Religieux de Saint-Denis,
VI, 411 et s. (en latin), dans Jouvenel des Ursins, édit. Godefroy,
p. 696 et s., dans Monstrelet, édition Doüet d'Arcq, t. III, p. 390
et s., dans Le Fèvre de Saint-Rémy, édition Fr. Morand, t. II,
p. 3 et s., dans J. de Waurin (édition W. Hardy, London, 1868,
qui fait partie de la collection des *Rerum britannicarum medii
ævi scriptores*), t. I, p. 304 et s., dans Rymer, t. IV, 3e partie,
p. 171-177, dans Du Mont, II, 142 et s., dans Leibniz, *Codex
juris gentium*, I, 325 et s., dans le tome XI des Ordonnances,
p. 86-90. Le texte ci-dessous a été copié dans deux registres qui
se trouvent aux Archives nationales, le registre X[1a] 8603 (Ordonnances royales) et le registre JJ 171 (trésor des Chartes). Les
textes de ces deux registres sont absolument semblables et reproduisent évidemment l'original même du traité. Ils sont plus exacts
et plus complets que celui de Monstrelet. Le meilleur texte im-
primé est celui des Ordonnances, qui reproduit le registre JJ 171.

Charles, par la grâce de Dieu, Roy de France, à per-
petuele memoire. Combien que, pour reintégrer la paix et
oster les discensions des royaulmes de France et d'Angleterre, plusieurs notables et divers traictiez qui, ou temps
passé, ont esté fais entre noz nobles progéniteurs de bonne
mémoire et ceuls de très hault prince et nostre très chier filz
Henry, Roy d'Angleterre, héritier de France, et aussi entre
nous et nostredit filz, n'ayent apporté le fruict de paix pour
ce desiré, savoir faisons à tous présens et avenir que,
neantmoins, nous, considerans et pesans en nostre cuer quans
grans et irreparables maulx, quantes enormitez et quele do-

---

1. Félibien, *Hist. de Paris*, II, 799, IV, 584 (extraits des registres
du Parlement). — *Ordonnances*, XII, 284-85. G. Picot. *Etats généraux*, I, 298 et s. — Sur les faits qui précèdent, voy., outre Rymer,
le Religieux de Saint-Denis, t. V, VI. Monstrelet, III. Jouvenel des
Ursins. G. Chastellain, *Chronique*, édit. Kervyn de Lettenhove. Bru-
xelles, 1863, I, 129 et s. P. de Fenin, *Mémoires*, éd. Dupont. H. Wallon, *Richard II*, t. II. De Beaucourt, *Hist. de Charles VII*, t. I, ch.
VIII, p. 248 et s., etc.

lereuse playe universal et incurable la division des deux royaumes dessusdis a jusques cy mis et apporté, non pas tant seulement ausdis royaumes, mais à toute l'eglise militant, nous avons nagaires reprins traictié de paix avecques nostredit filz Henry, ouquel, à la parfin, après pluseurs collacions et parlemens des gens de nostre conseil, icellui, ottroyant et donnant effect à noz desirs, qui promet paix aux hommes de bonne voulenté, entre nous et nostredit filz à l'euvre de ladicte desirée paix est conclu et accordé en la manière qui s'ensuit :

1. Premierement, que, pour ce que, par l'aliance du mariage fait[1], pour le bien de ladicte paix, entre nostredit filz, le Roy Henry, et nostre très chière et très amée fille, Katherine[2], il est devenu nostre filz et de nostre très chière et très amée compaigne, la Royne, ycellui nostre filz nous aura et honnourera et nostre dicte compaigne comme père et mère, et ainsi comme il appartient honnourer telz et si grans prince et princesse et devant toutes personnes temporelles du monde.

2. Item, que nostre dit filz, le Roy Henry, ne nous turbera, inquietera, ou empeschera que nous ne tenions et possedions, tant que nous vivrons, ainsi que nous tenons et possedons de présent, la couronne et dignité royal de France et les revenues, fruiz et provens d'iceulx, à la soustenance de nostre estat et des charges du royaume, et que nostredicte compaigne aussi ne tiegne, tant qu'elle vivra, estat et dignité

---

1. Il s'agit ici de la convention relative au mariage (20 mai) et non du mariage lui-même, qui fut célébré le 2 juin 1420, jour de la Trinité, dans l'église Saint-Jean de Troyes, où avait été conclu le traité du 21 mai (voy. *Journal d'un bourgeois de Paris*, édition A. Tuetey, publiée par la Société de l'histoire de Paris, p. 140. — Félibien, IV, 584).

2. Catherine de France, née le 27 oct. 1401, morte en 1438, 5e fille de Charles VI.

de Royne, selon la coustume dudit royaume, avecques partie desdictes rentes et revenues à elle convenable.

3. ITEM, est accordé que nostredicte fille Katherine aura et prenra, ou royaume d'Angleterre, douaire, ainsi que les Roynes d'Angleterre ont, ou temps passé, acoustumé d'avoir et percevoir; c'est assavoir, par chascun an, la somme de quarante mil escuz, desquelz les deux vallent tousjours un noble d'Angleterre[1].

4. ITEM, est accordé que nostredit filz, le roy Henry, par toutes voyes, moyens et manières qu'il pourra, sans transgression ou offense du serement par lui fait de observer les loiz, coustumes et droiz de sondit royaume d'Angleterre, labourera et pourverra que nostredicte fille Katherine, sa compaigne, le plus tost que faire se pourra, soit, en tout evenement, pleinement asseurée de percevoir et avoir en son dit royaume d'Angleterre, ou temps de son trespas, le douaire devant dit de quarante mil escuz annuelz, desquelz les deux valent tousjours un noble d'Angleterre.

5. ITEM, est accordé que, s'il avenoit que nostre dicte fille seurvive à nostredit filz, le Roy Henry, elle percevra et aura, ou royaume de France, tantost après le trespas de nostredit filz, douaire de la somme de vingt mil frans par an, de et sur les terres, lieux et seignouries que tint et eust en douaire nostre très chière dame de bonne mémoire, Blanche[2], jadis femme de Phelippe de bonne mémoire, jadis roy de France, nostre très redoubté seigneur et grant ayeul.

6. ITEM, est accordé que, tantost après nostre trespas et

---

1. Voy. ci-dessus, p. 47, n. 4.
3. Blanche de Navarre, mariée le 29 janvier 1350 à Philippe VI, morte le 5 oct. 1398 (Anselme, I, 105). Son testament a été publié par M. L. Delisle, dans les Mém. de la Soc. de l'Hist. de Paris, t. XII.

dèslors en avant, la couronne et royaume de France, avecques tous leurs *droiz et appartenances*, demourront et seront perpetuelement de nostre filz le Roy Henry et de ses hoirs [1].

7. Item, que, pour ce que nous sommes tenuz et empeschez le plus du temps, par celle manière que nous ne povons en nostre personne entendre ou vaquer à la disposicion des besongnes de nostre royaume, la faculté et exercice de gouverner et ordonner la chose publique dudit royaume seront et demourront, nostre vie durant, à nostre dit filz le Roy Henry, avecques le conseil des nobles et saiges à nous obeissans, qui auront amé le prouffit et honneur dudit royaume, par ainsi que, dès maintenant, et dès lors en avant, il puisse icelle regir et gouverner par lui mesme et par aultres qu'il vouldra députer, avec le conseil des nobles et saiges dessusdis ; lesquelz faculté et exercice de gouverner ainsi estant pardevers nostre dit filz, le Roy Henry, il labourera affectueusement, diligemment et loyaument à ce qui puist et doit estre à l'onneur de Dieu, de nous et de nostre compaigne, et aussi au bien publique dudit royaume, et à défendre, transquiller, appaisier et gouverner icellui royaume selon l'exigence de justice et équité, avecques le conseil et aide des grans seigneurs, barons et nobles dudit royaume.

8. Item, que nostredit filz fera de son povoir que la court du parlement de France sera, en tous et chascun lieux subgez à nous, maintenant et ou temps avenir, observée et gardée ès auctorité et souveraineté d'elle et à elle deues en tous et chascuns lieux à nous subgietz, maintenant ou ou temps avenir.

9. Item, que nostre dit filz de son povoir défendra et

1. Voy. ci-dessous, l'art. 24.

conservera tous et chascuns pers, nobles, citez, villes,
communitez et singulières personnes, à nous maintenant et
ou temps avenir subjectes, en leurs droiz, coustumes, privilèges, prééminences, libertez et franchises à eulx appartenans, ou deuz, en tous les lieux subgez à nous, maintenant
et ou temps avenir.

10. Item, que nostredit filz diligemment et loyaument labourera et fera de son povoir que justice sera administrée
oudit royaume selon les lois, coustumes et drois dudit
royaume, sans accepcion de personnes, et conservera et
tendra les subgez de nostredit royaume en pais et tranquillité, et de son povoir les gardera et défendra de violences
et oppressions quelzconques.

11. Item, est accordé que nostredit filz, le Roy Henry,
pourverra et fera de son povoir que aux offices, tant de la
justice de parlement que des bailliages, seneschaucées,
prevostez et autres, appartenans au gouvernement de seignourie, et aussi à tous autres offices dudit royaume, seront
prinses personnes habiles, prouffitables et ydoines, pour le
bon, juste, paisible et transquille régime dudit royaume et
des administracions qui leur seront à commectre, et qu'ilz
soient telz qu'ilz doivent estre députez et prins selon les
loiz et droiz du royaume, et pour le prouffit de nous et de
nostre royaume.

12. Item, que nostredit filz labourera de son povoir, et le
plus tost que faire se pourra prouffitablement, à mectre en
nostre obéissance toutes et chascunes citez, villes, chastiaulx,
lieux, pays et personnes dedens nostre royaume désobéissans à nous et rebelles, tenans la partie ou estans de la
partie vulgaument appellée du Daulphin et d'Armignac.

13. Item, afin que nostredit filz puisse faire exercer et
accomplir les choses dessusdictes plus prouffitablement,

seurement et franchement, il est accordé que les grans seigneurs, barons et nobles et les estas dudit royaume, tant spirituelz que temporelz, et aussi les citez et notables communitez, les citoiens et bourgeois des villes dudit royaume à nous obéissans pour le temps, feront les seremens qui s'ensuivent :

PREMIÈREMENT à nostredit filz le Roy Henry, aiant la faculté et exercice de disposer et gouverner ladicte chose publique, et à ses commandemens et mandemens, en toutes choses concernans à l'exercice du gouvernement dudit royaume, et par toutes choses obéiront et entendront humblement et obéissamment.

ITEM, que les choses qui sont et seront appoinctées et accordées entre nous et nostre dicte compaigne, la Royne, et nostredit filz, le Roi Henry, avecques le conseil de ceulz que nous et nostredicte compaigne et nostredit filz auront à ce commis, lesdis grans seigneurs, barons et estaz de nostredit royaume, tant spirituelz comme temporelz, et aussi les citez, notables communitez, les citoyens et bourgois des villes dudit royaume, en tant que à eulz et à chascun d'eulx pourra toucher, en tout et partout, bien et loyaument garderont et feront, de leur povoir, garder par tous autres quelzconques.

ITEM, que continuellement, dès nostre trespas et après icellui, ilz seront féaulz hommes liges à nostredit filz et de ses hoirs, et icellui nostre filz pour leur seigneur lige et souverain et vray Roy de France, sans aucune opposicion, contradiction ou difficulté, recevront et comme à tel obéiront, et que, après ces choses, jamais n'obéiront à autre que à nous, comme à Roy ou Regent le royaume de France, se non à nostredit fils le roy Henry et à ses hoirs.

ITEM, qu'ilz ne seront en conseil, aide ou consentement que nostredit filz, le Roi Henry, perde vie ou membre, ou soit prins de mauvaise prinse, ou qu'il seuffre dommage ou diminucion en personne, estat, honneur ou biens ; mais, se ilz scevent que aucune tele chose soit contre lui machinée,

ou perforcée, ilz l'empescheront de leur povoir et lui feront
savoir, le plus tost qu'ilz pourront, par eulx, messaiges ou
lectres.

14. Item, est accordé que toutes et chacunes conquestes
qui se feront par nostredit filz, le Roy Henry, hors la duchié
de Normandie, ou royaume de France, sur les désobéissans
dessusdis, seront et se feront à nostre prouffit, et que nostre
dit filz, de son povoir, fera que toutes et chacunes terres et
seignouries estans ès lieux qui sont ainsi à conquérir, appartenans aux personnes à nous présentement obéissans, qui
jureront garder ceste présente concorde, seront restituées
auxdictes personnes à qui elles appartiennent.

15. Item, est accordé que toutes et chascunes personnes
ecclésiastiques, béneficiez ou duchié de Normendie, ou autres
lieux quelzconques, ou royaume de France, subgiez à nostre
dit filz, à nous obéissans et favorisans la partie de nostre
très chier et très amé filz le duc de Bourgogne, qui jureront
garder ceste présente concorde, joyront paisiblement de
leurs bénéfices ecclésiastiques estans ou dit duchié de Normandie, ou lieux devant diz.

16. Item, que, semblablement, tous et chascunes personnes
ecclésiastiques obéissans à nostredit filz, le Roy Henry, et
béneficiez ou royaume de France, ès lieux à nous subgiez,
qui jureront garder ceste présente concorde, joyront paisiblement de leurs bénéfices ecclésiastiques estans ès lieux
devant diz.

17. Item, que toutes et chascune églises, universitez, estudes généraulx, et aussi collèges d'estudians et autres collèges
ecclésiastiques estans ès lieux à nous subgiez, présentement,
ou pour le temps avenir ou en la duchié de Normandie, ou
autres lieux du royaume de France, subgiez à nostredit filz
le Roy Henry, joyront de leurs droiz et possessions, rentes,

prérogatives, libertez, prééminences et franchises, à eulx, ou
royaume de France, comment que ce soit appartenans ou
deues, saufves les droiz de la couronne de France et de tous
autres [1].

18. ITEM, et quant il avendra que nostredit filz, le Roy
Henry, venra à la couronne de France, la duchié de Normendie, et aussi les autres et chascun lieux par lui conquis ou
royaume de France, seront soubz la jurisdicion, obeissance
et monarchie de ladicte couronne de France.

19. ITEM, est accordé que nostredit filz, le Roy Henry, de
son povoir, se parforcera et fera que aux personnes à nous
obéissans et favourisans la partie devant dicte, que on appelle
de Bourgongne, ausquelles appartenoient seignouries, terres,
revenues, ou possessions, en ladicte duchié de Normandie, ou
autres lieux ou royaume de France, par icellui nostre filz, le
Roy Henry, conquises, jà pieçà par lui données, sera faicte,
sans diminucion de la couronne de France, recompensacion
par nous, ès lieux et terres acquises, ou à acquerir en nostre
nom sur les rebelles et désobeissans à nous ; et se, en nostre vie, ladicte recompensacion n'est faicte aus dessusdis,
nostredit filz, le Roy Henry, la fera ès dictes terres et biens,
quant il sera venu à la couronne de France ; mais, se les
terres, seignouries, rentes, ou possessions, qui appartenroient
ausdictes personnes, esdiz duchié et lieux, n'avoient esté
données par nostredit filz, lesdictes personnes seroient restituées à icelles sans délay.

20. ITEM, que, durant nostre vie, en tous lieux, à nous

---

1. Voy. Jourdain, l'*Université de Paris à l'époque de la domination
anglaise*, dans le Bulletin de la Soc. de l'Hist. de Fr., année 1870-71,
p. 143-147. — Th. Basin, *Hist. de Charles VII*, I, 36. — C. E. Bulæus
(Du Boulay), *Hist. universitatis parisiensis*, VI, 343-47.

présentement ou pour le temps avenir subgez, les lectres
communes de justice, de dons d'offices, de benefices et
d'autres donacions, pardons, ou remissions et privilèges,
devront estre escriptes et·proceder soubz nostre nom et seel.
Toutesvoyes, pour ce que aucuns cas singuliers pourront
avenir, qui par l'umain engin ne pevent pas tous estre pré-
veuz, esquelz pourra estre necessaire et convenable que nostredit filz, le Roy Henry, face escrire ses lectres ; en tel cas,
se aucuns en aviennent, il sera loisible à nostredit filz, pour
le bien et seurté de nous et du gouvernement à lui, comme
dit est, appartenant, et pour éviter les perilz et dommages
qui, autrement, pourraient vraisemblablement avenir, escrire
ses lectres à noz subjiez, par lesquelles il commandera, défendra et mandera, de par nous et de par lui, comme Regent,
selon la nature et qualité de la besongne.

21. ITEM, que, de toute nostre vie, nostredit filz, le Roy
Henry, ne se nommera ou escrira aucunement, ou fera nommer ou escrire Roy de France, mais dudit nom de tout point
se abstendra, tant comme nous vivrons.

22. ITEM, est accordé que nous, durant nostre vie, nom-
merons, appellerons et escrirons nostredit filz, le Roy Henry,
en langue françoise par ceste manière : « nostre très chier
fils, Henry, Roy d'Angleterre, héritier de France » et, en
langue latine, par cette manière : « Noster precarissimus
filius, Henricus, Rex Anglie, heres Francie »[1].

23. ITEM, que nostredit filz ne imposera, ou fera imposer
aucunes imposicions ou exactions à nos subgez, sans cause
raisonnable et necessaire, ne autrement que pour le bien

---

1. Avant le traité de Troyes, Henri V avait déjà pris le titre de
Francorum rex, qu'il remplaça par celui de Hæres Franciæ (voy.
Ordonn., XI, 91. Cf. XII, 284-285).

publique dudit royaume de France, et selon l'ordonnance et exigence des loys et coustumes raisonnables et approuvez dudit royaume.

24. ITEM, et afin que concorde, paix et transquillité entre les royaumes de France et d'Angleterre soient, pour le temps avenir, perpetuellement observées, et que l'en obvie aux obstacles et commencemens par lesquelz, entre lesdis royaumes, debas, dissencions ou discors pourraient sourdre ou temps avenir, que Dieu ne vueille, il est accordé que nostredit filz labourera, par effect de son povoir, que, de l'adviz et consentement des trois estaz desdiz royaumes, ostez les obstacles en ceste partie, soit ordonné et pourveu, que, du temps que nostredit filz sera venu à la couronne de France, ou aucun de ses hoirs, les deux couronnes de France et d'Angleterre à tousjours mais, perpetuellement, demourront ensemble et seront à une mesme personne, c'est assavoir en la personne de nostredit filz, le Roy Henry, tant qu'il vivra, et de là en avant, ès personnes de ses hoirs, qui successivement seront les uns après les autres[1]; et que les deux royaumes seront gouvernez, depuis ce temps que nostredit filz, ou aucun de ses hoirs, parvenra, ou parvenront ausdiz royaumes, non diviséement soubz divers Roys, pour ung mesme temps, mais soubz une mesme personne, qui sera, pour le temps, Roy et seigneur souverain de l'un et de l'autre royaume, comme dit est; en gardant toutesvoyes, en toutes autres choses, à l'un et à l'autre royaume ses droiz, libertez ou coustumes, usaiges et loix, non soubzmettant en quelque manière l'un desdiz royaumes à l'autre, ne les loix, droiz, coustumes ou usaiges de l'un d'iceulx royaumes aux droiz, loix, coustumes ou usaiges de l'autre.

25. ITEM, que, dès maintenant, et à tous temps perpetuellement, se tairont, appaiseront et de tous poins cesseront

---

1. Voy. ci-dessus, l'art. 6.

toutes dissencions, haynes, rancunes, inimitiez et guerre d'entre lesdis royaumes de France et d'Angleterre et les peuples d'iceulx royaumes adhérens à ladicte concorde ; et entre les royaumes dessusdiz sera et aura vigueur dès maintenant, perpetuellement à tousjoursmais, paix, transquillité, concorde, affection mutuelle, amitiés fermes et estables ; et se aideront lesdis deux royaumes de leurs aides, conseilz et assistences mutuelles, contre toutes personnes qui à eulx ou à l'un d'eulx s'efforceroient de faire donner violence, injure, grief ou dommage ; et converseront et marchanderont ensemble les uns avecques les autres franchement et seurement, en payant les coustumes et devoirs deuz et accoustumez.

26. Item, que tous les confédérez et aliez de nous et dudit royaume de France, et aussi les confederez de nostredit filz, le Roy Henry, et dudit royaume d'Angleterre, qui, dedens huit mois après que ceste présente concorde de paix leur sera notifiée, ilz (sic) auront déclairé se vouloir fermement adhérer à ladicte concorde et estre comprins soubz le traictié et concorde d'icelle paix, soient comprins soubz les amitiéz et confederacions, seurté et concorde d'icelle paix, sauf toutesvoyes à l'une et à l'autre desdictes couronnes, à nous et à nos subgez, et aussi à nostredit filz, le Roy Henry, et à ses subgiez, ses actions, droiz et remèdes quelzconques convenables en ceste partie, et competans, en quelque manière que ce soit, envers lesdis aliez et confederez.

27. Item, il est accordé que nostredit filz, le Roy Henry, avecques le conseil de nostre très chier filz, Phelippe, duc de Bourgoigne, et des autres nobles du royaume, qu'il convendra et appartendra pour ce estre appellez, pourverra pour le gouvernement de nostre personne seurement, convenablement et honnestement, selon l'exigence de nostre estat et dignité royal, par telle manière que ce sera l'onneur de Dieu et de nous, et aussi du royaume de France et

des subgez d'icellui; et que toutes personnes, tant nobles comme autres, qui seront entour nous pour nostre personnel et domestique service, non pas seulement en offices, mais en autres mistères[1], seront telz qu'ilz auront esté nez ou royaume de France, ou des lieux de langage françois, bonnes personnes, sages, loiaulx et ydoines audit service.

28. ITEM, que nous demourrons et résiderons personnelment en lieu notable de nostre obéissance, et non ailleurs.

29. ITEM, considéré les orribles et énormes crimes et deliz perpetrez oudit royaume de France par Charles, soy disant Daulphin de Viennois, il est accordé que nous, ne nostredit filz, le Roy Henry, ne aussi nostre chier filz, Phelippe, duc de Bourgoigne, ne traicterons aucunement de paix ou de concorde avecques ledit Charles, ne ferons ou ferons traictier, senon du conseil et assentement de tous et chascun de nous trois et des trois estas des deux royaumes dessusdiz[2].

30. ITEM, est accordé que nous, sur les choses dessusdictes et chacune d'icelles, oultre noz lectres patentes seelées de nostre grant seel, donrons et ferons donner et faire à nostredit filz, le Roy Henry, lectres patentes approbatoires et confirmatoires de nostredicte compaigne, de nostredit filz, Phelippe, duc de Bourgoigne, et des autres de nostre sang

---

1. Il faut bien lire ici « mistères » comme dans les registres X¹ᵃ 8603 et JJ 171, et non « ministères », comme dans les Ordonnances. Il n'y a pas là une faute de copiste. « Misterium pro officium », dit Du Cange, *Glossarium*, VII, 235. Voy. aussi t. VI, 446, et La Curne de Ste-Palaye, t. VII.

2. Voy. la lettre que Charles VI écrit de Troyes aux Parisiens, le 17 janvier 1420, contre le Dauphin (Félibien, *Hist. de Paris*, II, 798, V, 264-67).

royal, des grans seigneurs, barons, citez et villes à nous obeissans, desquelz, en ceste partie, nostredit filz, le Roy Henry, vouldra avoir lectres de nous [1].

31. ITEM, que semblablement nostredit filz, le Roy Henry, pour sa partie, oultre ses lectres patentes sur ces mesmes choses seellées de son grant seel, nous fera donner et faire lectres patentes approbatoires et confirmatoires de ses très chiers frères et des autres de son sang royal, des grans seigneurs, barons, et des citez et villes à lui obéissans, desquelz, en ceste partie, nous vouldrions avoir lectres de nostredit filz, le Roy Henry.

Toutes lesquelles et chacunes choses dessus escriptes, nous, Charles, Roy de France dessusdit, pour nous et noz hoirs, en tant que pourra toucher nous et nosdis hoirs, sans dol, fraude ou malengin, avons promis et promectons, juré et jurons en parole de Roy, aux sainctes Evangiles de Dieu par nous corporelment touchées, faire, accomplir et observer, et que icelles ferons par noz subgez accomplir et observer, et aussi que nous, ne noz héritiers, ne venrons jamais au contraire des choses dessusdictes ou d'aucunes d'icelles en quelque manière, en jugement ou hors jugement, directement ou par oblique, ou par quelconque couleur exquise [2]. Et, afin que ces choses soient fermes et estables perpetuelment et à tousjours, nous avons fait mectre notre seel à ces présentes lectres. Donné à Troyes, le xxi° jour du mois de may, l'an mil quatre cens et vint, et de nostre règne le quaranticsme. Ainsi signé, par le Roy, en son conseil. J. DE RINEL. Visa.

---

1. Le 6 décembre 1420, de prétendus états généraux réunis à Paris, à l'hôtel Saint-Paul, ratifièrent le traité de Troyes, sans opposition (Jouvenel des Ursins, dans Godefroy, *Hist. de Charles VI*, p. 384. De Beaucourt, *Hist. de Charles VII*, t. I, p. 324, note 7. Rymer, t. IV, III, p. 192-193, et IV, p. 25. *Rolls of Parliament*, IV, 135).

2. Exquis, c'est-à-dire extorqué, surpris (Du Cange, III, 166, VII. La Curne, VI, 137).

Lecta, publicata et registrata in curia ac jurata per existentes in camera parliamenti, penultima die maii, anno domini millesimo cccc° vicesimo. CLEMENS.

Collatio facta est cum originali [1].

1. X[ta] 8603, f° 61, v°-64. — Le registre JJ 171 du Trésor des Chartes ajoute ce qui suit :

ITEM, que ou dos desdictes lectres estoit escript ce qui s'ensuit : Publiées en jugement ou Chastellet de Paris, monseigneur le prévost tenant siège, ses lieuxtenans civil et criminel, les advocas et procureurs du Roy oudit Chastellet, les examinateurs advocas et procureurs en icellui Chastellet, notaires, seigneurs et plusieurs personnes estrangères et autres présens, le samedi premier jour du mois de Juing, l'an de grace mil quatre cens et vint. J. CHOART.

Lecta et publicata in presencia trium facultatum, scilicet theologie, decretorum et medicine, in capitulo ecclesie, seu monasterii Sancti Mathurini congregatarum, anno domini millesimo cccc[mo] vicesimo, die tertia mensis junii, et jurata per singula supposita dictarum facultatum. B. DE EDYO.

Lecta et publicata in presencia domini Rectoris ac quatuor procuratorum quatuor nacionum Universitatis, videlicet Francie, Picardie, Normannie ac Anglie, nec non suppositorum earumdem, in ecclesia prioratus Sancti Juliani Pauperis, ibidem existentis, et jurata per singula supposita dictarum nacionum, anno domini millesimo cccc[mo] xx[mo], die quarta mensis Junii. HEBERT (JJ 171, f°s 174-176. Ordonn. XI, 90).

V

TRAITÉ CONCLU A ARRAS

ENTRE CHARLES VII ET LE DUC DE BOURGOGNE

LE 21 SEPTEMBRE 1435.

Dès son avènement (21 oct. 1422), Charles VII essaya surtout de se réconcilier avec le duc de Bourgogne, dont l'alliance faisait la principale force des Anglais. Yolande d'Aragon [1], belle-mère du roi, ne négligea rien pour réussir dans cette tâche difficile. Elle fit intervenir le duc de Savoie, Amédée VIII, oncle de Philippe le Bon [2], le duc de Bretagne, Jean V [3], puis son frère Artur, comte de Richemont [4].

Dès la fin de 1422, il y eût à Bourg, en Bresse, des conférences où furent posées les premières bases des négociations ultérieures qui devaient se poursuivre entre le roi et le duc de Bourgogne (décembre 1422-février 1423) [5]. La reine Yolande alla ensuite à Nantes, où elle conclut, dans le même but, un autre traité avec Jean V, le 18 mai 1424 [6]. Les pourparlers continuèrent à Chambéry, où une trêve fut signée le 28 sept. [7], puis à Macon (décembre 1424) et à Montluel (janvier 1425) [8]. Peu après

---

1. Yolande, fille de Jean I, roi d'Aragon, mariée, en 1400, à Louis II d'Anjou, roi de Sicile, qui était mort en 1417. Sa fille, Marie d'Anjou, avait été fiancée, dès 1413, à Charles, comte de Ponthieu, qui devint le roi Charles VII.

2. Amédée VIII avait épousé, en 1393, Marie de Bourgogne, fille de Philippe le Hardi.

3. Jean V avait épousé, le 19 septembre 1396, Jeanne de France, fille de Charles VI.

4. Artur de Bretagne, comte de Richemont, second fils de Jean IV, né le 24 août 1393, mort le 26 décembre 1458.

5. D. Plancher, *Hist. de Bourgogne*, IV, p. xxxiv-xxxv (preuves). Manuscrit 70, f° 4, de la *Collect. de Bourgogne* (à la Bib. nat.). De Beaucourt, *Hist. de Charles VII*, t. II, 319-326.

6. C'est M. de Beaucourt qui a, le premier, fait connaître ce traité de Nantes (*Hist. de Charles VII*, t. II, p. 353-356). Il en donne les principaux articles.

7. D. Plancher, *Hist. de Bourgogne*, IV, p. xliv-xlv, xlix.

8. De Beaucourt, *Hist. de Charles VII*, p. 82-84 et s., 361 et s.

Yolande faisait donner l'épée de connétable au comte de Richemont, pour avoir aussi l'appui de son frère, Jean V (7 mars 1425). De nouvelles tentatives furent faites auprès de Philippe le Bon et même auprès du gouvernement anglais, mais elles n'aboutirent qu'au renouvellement des trêves conclues avec le duc de Bourgogne [1].

Devenu maître du pouvoir, La Trémoille suivit la même politique. Après les succès de Jeanne d'Arc, les négociations avec le duc de Bourgogne furent reprises aux conférences d'Arras et de Compiègne (août 1429), sous la médiation d'Amédée VIII. Les ambassadeurs du roi y firent des propositions de paix qui n'aboutirent pas, mais qui préparèrent une solution trop longtemps retardée [2]. Les papes Martin V et Eugène IV, le Concile de Bâle intervinrent également auprès de Charles VII, de Henri VI et de Philippe le Bon, pendant que la guerre continuait. Le cardinal de Sainte-Croix [3], légat d'Eugène IV, réussit pourtant à faire conclure, à Lille, une trêve générale de six ans entre la France et la Bourgogne, le 13 décembre 1431 [4]. D'autres négociations eurent lieu, en 1432, à Dijon et à Semur (avril-août), à Auxerre (octobre-novembre) [5], mais la découverte d'un complot formé par La Trémoille contre le duc de Bourgogne, remit tout en question (oct. 1432) [6]. Pourtant, il y eut encore, en 1432 et 1433, quelques pourparlers avec l'Angleterre [7].

A la même époque, la reine Yolande, après avoir aidé le comte de Richemont à renverser La Trémoille (juin 1433), reprit la

1. Voy. le traité de Saumur (7 oct. 1425) dans l'*Hist. de Bretagne*, de D. Morice (t. II des *Preuves*, col. 1180-81) ou de D. Lobineau (II, 1001-1003), et les négociations avec le duc de Bourgogne et avec l'Angleterre, en 1425-1427, dans D. Plancher, *Hist. de Bourgogne*, IV, p. LII-LXV, et dans D. Morice, t. II, des *Preuves*, col. 995, 1183-86.

2. D. Plancher, *Hist. de Bourgogne*, IV, LXVIII-LXIX, LXXIX-LXXXI. De Beaucourt, *Charles VII*, t. II, p. 404 et s. On revint, au congrès d'Arras, en 1435, aux conditions proposées en 1423 et en 1429 (voy. De Beaucourt, *Charles VII*, t. II, 548-553 et ci-dessous, Appendice II).

3. Nicolas Albergati, évêque de Bologne.

4. *Hist. de Bourgogne*, IV, CXIII-CXVI. De Beaucourt, II, 442.

5. Sur ces négociations de 1431-1432, voy. Guichenon, *Hist. généal. de la maison de Savoie*, Lyon, 1660, in-f°, II, 296.— *Hist. de Bourgogne*, IV, LXXXIX-CXXVIII. Sur les négociations particulières avec l'Angleterre, voy. Rymer, IV, IV, 176, 187, et *Hist. de Bourgogne*, IV, CXXXIV, CXXXVII et s. Sur l'ensemble des négociations, De Beaucourt, II, 442 et s.

6. De Beaucourt, *Charles VII*, t. II, p. 295, 459-61.

7. Voy. J. Stevenson, *Letters and papers*, etc., II, 1re partie, p. 219-262. — *Hist. de Bourgogne*, IV, CXXXIV et s. Rymer, IV, IV, 197-199.

direction des affaires. Le connétable, rentré en grâce, mit tout
en œuvre, les armes, la diplomatie et son influence personnelle,
pour déterminer son beau-frère [1], le duc de Bourgogne, à faire
la paix avec Charles VII (1433 et 1434). Il conclut une nouvelle
trêve, à Ham, avec Philippe le Bon (17 sept. 1434) [2]. Aux conférences de Nevers (janvier 1435), il fut décidé qu'un congrès se
réunirait dans la ville d'Arras, au mois de juillet, pour aviser
aux moyens de terminer la guerre entre la France, l'Angleterre
et la Bourgogne [3]. Le Congrès d'Arras tint sa première séance le
5 août 1435. Les négociations durèrent un mois et demi. Les
Anglais y prirent part, mais ils montrèrent de telles exigences
qu'il fut impossible de s'entendre avec eux. Alors le duc de
Bourgogne consentit à traiter sans l'Angleterre, ce qu'on n'avait
pu obtenir de lui auparavant. La mort du régent Bedford
(14 septembre) [4] mit fin à ses hésitations et à ses scrupules. Six
jours après, la paix d'Arras était conclue (21 septembre 1435.) [5]
    Le meilleur texte imprimé du traité d'Arras est celui qu'on lit
dans les Mémoires d'Olivier de La Marche, publiés par MM. H.
Beaune et J. d'Arbaumont, pour la Société de l'histoire de
France (t. I, p. 207 et s.). Ce texte est celui du traité ratifié par
Charles VII, le 10 décembre 1435. Il reproduit une charte origi-
nale conservée aux archives de la Côte-d'Or. Il ne diffère qu'au
commencement et à la fin, d'un autre document original conservé
à la Bibliothèque Nationale et qu'on 'trouvera ci-dessous. Ce
dernier document, qui est le texte même du traité conclu par les
plénipotentiaires français, figure dans la galerie des Chartes, sous
le numéro 406. Il est signé par les plénipotentiaires français et
scellé de leurs sceaux (voy. ci-dessous, p. 150, 151). On en trouve
une excellente copie, collationnée sur le registre original de la
Chambre des Comptes de Lille, par D. Godefroy, dans le ma-

1. Le comte de Richemont avait épousé, le 10 octobre 1423, Marguerite de Bourgogne, fille de Jean sans Peur, veuve, en 1415, du
dauphin Louis, duc de Guyenne, frère de Charles VII.

2. Voy. le texte de cette trêve, dans E. Cosneau, *Le Connétable de
Richemont*, p. 557-561.

3. D. Plancher, *Hist. de Bourgogne*, IV, cxliv et s.

4. Jean, duc de Bedford, 3ᵉ fils de Henri IV (Dugdale, *Baronage*,
II, 200-202).

5. Voy., sur le traité d'Arras et les faits qui le précèdent, Monstrelet,
V, 130-183. Jean Chartier (édit. Vallet de Viriville), I, 185-208. Le
Fèvre de Saint-Rémy, édit. F. Morand, II, 305-361. Th. Basin, édit.
J. Quicherat, I, 95-102, etc., enfin, pour plus de détails, G. de Beau-
court, *Hist. de Charles VII*, t. II, chap. xii, p. 505 et s. E. Cosneau,
Le Connétable de Richemont, 4ᵉ partie, chap. i, surtout p. 222 et s.

nuscrit Colbert 43 (Flandres), qui est aussi à la Bibliothèque
Nationale.

Charles, duc de Bourbonnoys et d'Auvergne, conte de Clermont et de Forestz, per et chamberier de France[1], Artur,
filz de duc de Bretaigne, conte de Richemont, seigneur de
Partenay, connestable de France, Loys de Bourbon, conte
de Vendosme[2], Regnault, arcevesque et duc de Reins, chancellier de France[3], Christofle de Harecourt[4], Gilbert, seigneur de La Faiète, mareschal de France[5], Adam de Cambray, conseiller du Roy nostre sire et premier président de
son parlement, Jehan Tudert, doyen de Paris[6], conseiller et
maistre des requestes de l'ostel, Guillaume Chartier, Estienne Moreau, conseillers, Jehan Chastenier, Robert Mallière, secrétaires du Roy, nostredit sire, et tous ses ambaxeurs aians de lui povoir souffisant en ceste partie, ainsi
que apparoir peut par ses lectres patentes, desquelles la teneur s'ensuit :

Charles, par la grâce de Dieu, Roy de France, à tous
ceulx qui ces présentes lectres verront, salut.

1. Charles, comte de Clermont, puis duc de Bourbon, fils de Jean I
de Bourbon. Il avait épousé, en 1425, Agnès de Bourgogne, fille de
Jean sans Peur (Anselme, I, 305).

2. Louis de Bourbon, 2e fils de Jean de Bourbon, comte de La
Marche et de Vendôme (Anselme, I, 319, 322).

3. Regnault de Chartres, archevêque de Reims. Il avait pris possession de la charge de chancelier le 5 avril 1425. Il mourut en 1445
(Anselme, VI, 399-400).

4. Christophe de Harcourt, seigneur d'Aurech, grand-maître des
eaux et forêts. Il mourut le 11 mai 1438 (Anselme, V, 135-136.
VIII, 897).

5. Gilbert Motier III de La Fayette. Il mourut le 23 février 1465
(Anselme, VII, 56, 58). Il signe Fayete (Voy. ci-dessous, p. 124).

6. Jean Tudert, doyen de Notre-Dame de Paris. Il mourut le
9 déc. 1439 (Gallia Christiana, VII, 212).

Comme, pour traictier de paix générale en nostre royaume,
et, en deffault d'icelle, traicter de paix, union et réconsiliacion de nostre cousin, Phelippe, duc de Bourgoigne, et
autres noz subgetz avec nous, aient esté tenues plusieurs
convencions et journées en divers lieux[1], de nostre part,
avec nostredit cousin et ses gens, de sa part, sans ce que
encores y ait esté prinse conclusion final; pour parvenir à
laquelle final conclusion de paix, aions délibéré d'envoier
noz sollempnez ambaxeurs et procureurs à certaine journée
et convencion par nous acceptée estre tenue en ce présent
mois de juillet[2] en la ville d'Arraz, savoir faisons que, nous,
confians dès grans sens, loyaultez, discrécion, preudommie,
expérience et bonne diligence de noz très chiers et amez
cousins, Charles, duc de Bourbonnois, Artur, conte de Richemont, nostre connestable, Loys, conte de Vendosme,
grant maistre de nostre hostel, de noz amez et féaulx Regnault, arcevesque de Reins, nostre chancellier, Christofle de
Harecourt, nostre cousin Gilbert, seigneur de La Faiète, chevalier, nostre mareschal, maistre Adam de Cambray, premier président en nostre parlement, maistre Jehan Tudert,
maistre des requestes de nostre hostel, doyen de Paris,
maistre Guillaume Chartier, docteur en droit canon et civil,
Estienne Bernart, noz conseillers, maistre Jehan Chastenier
et maistre Robert Mallière, noz secrétaires, iceulx, par l'advis
et délibéracion de nostre conseil, avons commis et depputez
commectons et depputons, faisons, ordonnons, constituons et
establissons, par la teneur de ces présentes, noz ambaxeurs,
procureurs et messages espéciaulx, et leur avons donné et
donnons, par la teneur de ces présentes, plaine puissance,
auctorité et mandement espécial, et aux huit d'iceulx, c'est
assavoir ausdiz duc, contes, arcevesque, Christofle, Gilbert,

---

1. Voy. ci-dessus, p. 116-118.
2. Il avait été convenu, aux conférences de Nevers (janvier 1435),
que le congrès d'Arras s'ouvrirait le 1er juillet. Les ambassadeurs
anglais arrivèrent au mois de juillet.

maistres Adam et Jehan Tudert, d'aler et eulx représenter pour nous et en nostre nom à ladicte convencion et journée, en cedit mois de juillet, audit lieu d'Arras et aux autres lieux et jours ensuivans, et de convenir et assembler, communiquer et besongner, traictier, promectre et appoincter avec nostredit cousin Phelippe, duc de Bourgoigne, ou ses procureurs, depputez et messagez, aians de lui puissance en ceste partie, et plainement et finablement conclure et accorder avecques icellui nostre cousin, traictier de paix avec lui et de union en nostredit royaume et de noz subgiez, et de réconsiliacion et réunion de nostredit cousin avecques nous, et de et sur toutes contempcions, questions, guerres, causes, quereles, intérestz, demandes et débatz, et leurs circonstances et deppendances qui pevent estre entre nous et lui, ou qu'il veult prétendre, tant pour le cas advenu de la mort de feu nostre cousin, Jehan, duc de Bourgoigne, son père [1], comme autrement; et, pour le bien de ladicte paix et union, dire ou faire dire, de par nous, et en nostre nom, audit nostre cousin de Bourgoigne teles paroles qui seront advisées et accordées estre dictes; de habandonner et punir, ou faire habandonner et punir par nous ceulx qui perpétrèrent le cas en la personne dudit feu Jehan, duc de Bourgoigne, ou consentens d'icellui, receptateurs ou favorisant lesdiz malfaicteurs; de consentir, accorder et appoincter fondacions d'églises et chapelles pour l'âme dudit deffunct et de tous autres trespassez, à cause des divisions et guerres de ce royaume, en lieu, place et temps, et de teles rentes et revenues qu'il sera advisé; de delaisser, bailler, transporter et octroier à nostredit cousin, de noz finances, pour ses intérestz et autrement, jusques à teles sommes que bon leur semblera, et de noz terres, seigneuries, rentes ou revenues et de nostre ancien demaine, se mestier est, et aussi des aides et tailles ordonnées pour la guerre, ordinaires ou extraordi-

---

1. Jean sans Peur, assassiné le 10 sept. 1419, sur le pont de Montereau.

naires, présentes, ou à nous à avenir, tant contez, baronies,
citez, villes, forteresses et autres terres et seigneuries à
nous appartenans ou à noz subgez estans en nostredit
royaume, avec les proufliz et esmolumens des droiz réaulx
à nous appartenans en icelles contez, baronies et seigneurie
qui seront transportées, et ès enclavemens d'icelles, soit
à temps, en gaige, ou à vie, ou à tousjours, à tiltre de seigneuries, ou autrement, à nostredit cousin de Bourgoigne,
tout en la meilleur forme et manière et par les condicions
et modifficacions qu'ilz verront estre à faire et que bon et
expedient leur semblera; de exempter et faire tenir exempt
de nous nostredit cousin Phelippe, duc de Bourgoigne,
au regart de sa personne seulement, de non faire à nous
foy et hommage, ne service, tant des terres et seigneuries
qu'il tient à présent que de celles qui lui seront transportées par nosdiz ambaxeurs et procureurs, et pareillement
de celles qui lui pourront escheoir par succession en nostredit royaume; de renoncer par exprez à toutes aliances
que faites avons contre nostredit cousin, avecques quelzconques princes ou seigneurs que ce soient, pourveuque
pareillement nostredit cousin le face de sa part; de faire et
donner abolicions teles que advisées seront par eulx pour
le bien de ladicte paix et reunion, et de promectre et jurer
pour nous et en nostre nom lesdiz traictiez, appointemens,
promesses, octroiz et transpors, renonciacions, conclusions
et accords qui par eulx auront esté faiz et passez, tenir et
acomplir par nous, et faire tenir par noz successeurs; de
faire et donner, à tenir lesdiz traictiés, promesses, accords,
dons, transpors et toutes les autres choses qu'ilz auront
faictes et promises à nostredit cousin de Bourgoigne, toutes
teles et bonnes seurtez qu'ilz adviseront, et nous soubz-
mectre, et noz hoirs, à les tenir à la censure de l'Eglise et
autrement, en peines teles et si avant que bon leur semblera
pour le bien de la besongne, et à ce obliger nous et noz
biens quelzconques; et généralment de faire, besongner,
appoincter, accorder et conclure ès choses devant dictes et

ès deppendances d'icelles tout autant et ainsi emplement que nous mesmes ferions et faire pourrions en nostre personne, se présens y estions, jasoit ce que la chose requière mandement plus espécial; et sur tout bailler leurs lectres ou instrumens publicques, lesquelles ou lesquelz, et tout ce que promis, consenti, faict, besongné, appoincté, conclud et accordé auront, pour et ou nom de nous, touchant icelles choses, aurons agréables, et, dès maintenant pour lors, le ratiffions, approuvons, auctorisons et consentons et promectons, en bonne foy et en parole de Roy, et soubz l'obligacion de tous noz biens et de noz successeurs, tenir et faire tenir, garder et observer ferme et establc, à tousjours, comme se par nous estoit fait, et de bailler sur ce noz lectres confirmatoires, sans jamais aler, faire, ne venir au contraire, en quelque manière que ce soit. En tesmoing de ce nous avons fait mectre nostre seel à ces présentes. Donné à Amboise, le six^me jour de juillet, l'an de grâce mil CCCC trente et cinq, et de nostre règne le treziesme. Ainsi signé, par le Roy, en son grand Conseil. ALAIN.

Savoir faisons à tous ceulx qui ces présentes lectres verront ou orront, que, comme, par l'ordonnance du Roy nostredit seigneur, soions venus en ceste ville d'Arras, à la convencion accordée tenir pour le fait de la paix, transquilité et union de ce royaume, et ilec soions comparuz, pour et ou nom du Roy, pardevant très révèrends pères en Dieu, monseigneur le cardinal de Saincte Croix [1], légat de nostre saint Père le Pape, et monseigneur le cardinal de Chippre [2] et autres légaz et ambaxeurs du saint concile de Basle, et, en leur présence, aient par nous esté faictes aux ambas-

---

1. Voy. ci-dessus, p. 117, n. 3.
2. Hugues de Lusignan, fils de Jacques I de Lusignan, roi de Chypre, de Jérusalem et d'Arménie (*Art de vérif. les dates*, I, 466).

sadeurs de la part d'Angleterre, qui pareillement sont comparuz à ladicte convencion, plusieurs oblacions et ouvertures grandes et raisonnables, afin de pervenir à paix général et final de ce royaume, lesquelles par lesdiz ambasseurs de la part d'Angleterre n'ont point esté acceptées, ains les ont du tout reffusées, combien que de les accepter aient esté par lesdiz legatz et ambasseurs de nostre saint Père et dudit consile requis et exortez très instamment, et s'en sont iceulx ambasseurs d'Angleterre allez et despartiz de ladite convencion et ville d'Arras, sans vouloir de leur part proceder ne aler plus avant ou fait de ladite paix[1]; pour quoy, en deffault de ladite paix général, nous, considérans le grant désir et vouloir que le Roy, nostredit sire, a tousjours eu et a de présent de unir son royaume et de faire paix et accord avec très hault et puissant prince, monseigneur Phelippe, duc de Bourgoigne et de Brabant, et le réunir et réconsilier envers lui, par vertu du povoir à nous donné, et par le moien de nosdiz seigneurs les cardinaulx et autres ambaxeurs dessuz nomez, qui mondit seigneur de Bourgoigne ont, par plusieurs foiz, requiz et sommé de entendre à ladicte paix et union envers le Roy, nostredit sire, avons à icellui monseigneur de Bourgoigne fait les offres cy après déclairées, pour et ou nom du Roy, et finablement conclud et fermé avec lui bonne paix et concorde, moiennant lesdictes offres, promesses et accordz contenuz en certains articles, desquelz la teneur s'ensuit :

Ce sont les offres que nous, Charles, duc de Bourbonnoys et d'Auvergne, Artur, conte de Richemont, connestable de France, Loys de Bourbon, conte de Vendosme, Regnault, arcevesque duc de Reins, chancellier de France, Christofle de Harecourt, Gilbert, seigneur de La Fayete,

---

1. Le principal ambassadeur anglais était le vieux cardinal de Winchester, frère de Henri IV. Les ambassadeurs anglais étaient partis le 6 septembre.

mareschal de France, Adam de Cambray, président en
parlement, et Jehan Tudert, doyen de Paris, conseiller et
maistre des requestes, Guillaume Chartier, Estienne Moreau, conseillers, Jehan Chastenier et Robert Mallière, secrétaires, et tous ambaxeurs de Charles, Roy de France,
nostre souverain seigneur, estans présentement en la ville
d'Arraz, faisons, pour et ou nom du Roy, à monseigneur le
duc de Bourgoigne, pour son intérestz et querele qu'il a et
peut avoir à l'encontre du Roy, tant à cause de la mort de
feu monseigneur Jehan, duc de Bourgoigne, son père,
comme autrement, afin de parvenir avec lui à traictié de
paix et concorde[1] :

1. Premièrement, que le Roy dira, ou, par ses gens notables
souffisamment fondez, fera dire à mondit seigneur de Bourgoigne que la mort de feu mondit seigneur le duc Jehan de
Bourgoigne, son père, que Dieu absoille, fut iniquement et
mauvaisement faicte par ceulx qui perpétrèrent ledit cas, et
par mauvais conseil, et lui en a tousdiz despleu, et, de présent,
desplaist de tout son cueur, et que, s'il eust sceu ledit cas,
et eu tel eage et entendement qu'il a à présent, il y eust obvié
à son povoir ; mais il estoit bien jeune et avoit, pour lors, petite cognoissance, et ne fut point si advisé que d'y pourveoir.
Et priera à mondit seigneur de Bourgoigne que toute raen-
cune ou haine qu'il peut avoir à l'encontre de lui, à cause
de ce, il oste de son cueur, et que entre eulx ait bonne paix
et amour ; et se fera de ce expresse mencion ès lectres qui
seront faictes de l'accord et traictié d'entre eulx.[2]

1. Tout ce qui précède diffère du texte du traité d'Arras ratifié par
Charles VII, qu'on trouve dans Olivier de La Marche (I, 207 et s.).
Tout ce qui suit, c'est-à-dire les articles du traité, est semblable au
texte publié par les éditeurs d'O. de La Marche.
2. Voy. ci-dessous, Appendice II. L'un des ambassadeurs de
Charles VII, Jean Tudert, lut cet article à genoux devant Philippe
le Bon, le 21 sept., dans l'église de l'abbaye de Saint-Vaast.

2. ITEM, que tous ceulx qui perpétrèrent ledit mauvais cas, ou qui en furent consentans, le Roy habandonnera et fera toute diligence possible de les faire prandre et appréhender, quelque part que trouvez pourront estre, pour estre puniz en corps et en biens; et, se apprehendez ne pevent estre, les bannira et fera bannir à tousjours, sans grâce ne rapel, hors du royaume et du Daulphiné, avec confiscacion de tous leurs biens, et seront hors de tout traictié.

3. ITEM, et ne souffrera le Roy aucun d'eulx estre receptez ou favorisez en aulcun lieu de son obéissance et puissance; et fera crier et publier par tous les lieux desdiz royaume et Daulphiné acoustumez de faire criz et publicacions, que aucun ne les recepte ou favorise, sur peine de confiscacion de corps et de biens.

4. ITEM, et que mondit seigneur de Bourgoigne, le plus tost qu'il pourra bonnement, après ledit accord passé, nommera ceulx dont il est ou sera lors informé[1], qui perpétrèrent ledit mauvais cas, ou en furent consentens, afin que incontinent et diligemment soit procédé à l'encontre d'eulx, de la part du Roy, comme dessus est dit; et, en oultre, pour ce que mondit seigneur de Bourgoigne n'a encores peu avoir vraye congnoissance ne deue informacion de tous ceulx qui perpétrèrent ledit mauvais cas, ou en furent consentans, toutes les foiz que cy après il sera deuement informé d'aucuns autres, il les pourra nommer et les signiffier par ses lectres patentes, ou autrement, souffisamment, au Roy, lequel, en ce cas, sera tenu de faire procéder bien et diligemment à l'encontre d'eulx, par la manière dessusdicte.

---

1. Le 1er octobre, les ambassadeurs de Charles VII déclarent avoir reçu des lettres du duc de Bourgogne nommant Tanguy du Chastel, J. Louvet, P. Frottier et J. Cadart (*Mémoires* d'Ol. de La Marche, I, 211, note 1).

5. Item, et que pour l'âme dudit feu monseigneur le duc Jehan de Bourgoigne, de feu messire Archembaut de Foix, seigneur de Noailles[1], qui fut mort avec lui, et de tous autres trespassez, à cause des divisions et guerres de ce royaume, seront faictes les fondacions et édiffices qui s'ensuyvent : c'est assavoir en l'église de Montereau, en laquelle fut premièrement enterré le corps dudit feu monseigneur le duc Jehan, sera fondée une chapelle et chapellenie perpétuelle d'une messe basse de Requiem, chacun jour, perpétuellement, laquelle sera rentée et douée convenablement de rentes admorties, jusques à la somme de soixante livres parisis par an, et aussi garnie de calice et aournemens d'église bien et souffisamment, et tout aux despens du Roy ; et laquelle chapelle sera à la collacion de mondit seigneur et de ses successeurs ducs de Bourgoigne à tousjours.

6. Item, et, avec ce, en ladicte ville de Montereau, ou au plus près d'icelle que faire se pourra bonnement, sera fait, construit et édiffié par le Roy, et à ses fraiz et despens, une église, couvent et monastère de Chartreux, c'est assavoir pour un prieur et douze religieux, avec les cloistres, celles, reffectouers, granges et autres édiffices qui y seront nécessaires et convenables ; et lesquelz Chartreux, c'est assavoir un prieur et douze religieux, seront fondés par le Roy de bonnes rentes et revenues annuelles et perpétueles et bien admorties souffisans et convenables, tant pour le vivre des religieux et entretenement du divin service, comme pour le soustenement des édiffices du monastère et autrement, et jusques à la somme de huit cens livres parisis de revenue par an, à l'ordonnance et par l'advis de très-révérend père en Dieu, monseigneur le cardinal de Saincte Croix, ou de cellui ou ceulx qu'il vouldra à ce commectre.

---

1. Archambault de Foix, seigneur de Navailles, frère de Jean Ier de Grailly, comte de Foix, gouverneur du Languedoc, qui mourut en 1436 (Anselme, III, 370-73). Voy. ci-dessous, p. 146, n. 1.

7. Item, et que sur le pont de Montereau, ou lieu où fut perpétré ledit mauvais cas, sera faicte, édiffiée et bien entaillée et entretenue à tousjours une belle croix, aux despens du Roy, de tele façon et ainsi qu'il sera advisé par ledit monseigneur le cardinal ou ses commis.

8. Item, et que en l'église des Chartreux lez Dijon, en laquele gist et repose à présent le corps dudit feu monseigneur le duc Jehan, sera fondée par le Roy, et à ses despens, une haulte messe de Requiem, qui se dira chacun jour perpetuelment au grant autel de la dicte église, à tele heure qu'il sera advisé, et laquelle fondacion sera douée et asseurée de bonnes rentes admorties, jusques à la somme de cent livres parisis de revenu par an, et aussi garnie de calice et aournemens d'église, comme dessus.

9. Item, que lesdictes fondacions et édiffices seront commancées à faire le plus tost que faire se pourra bonnement; en espécial, commencera l'en à dire et célébrer lesdictes messes incontinent après ledit accord passé; et, au regart des édiffices qui se doivent faire en ladicte ville de Montereau, ou au plus près d'icelle, l'en y commencera à ouvrer dedans troys moys, après ce que ladicte ville de Montereau sera redduite en l'obéissance du roi[1]; et y continuera l'en diligemment et sans interrupcion, telement que tous iceulx édiffices seront absoviz[2] et parfaiz dedans cinq ans après ensuivans; et, quant auxdictes fondacions, l'en y besongnera sans délay, le plus tost que faire se pourra bonnement. Et, pour ces causes, tantost après ledit accord passé, sera faicte et absovie la fondacion de la haulte messe ès Chartreux lez Dijon, dont dessus est faicte mencion, avec ce qui en deppend, c'est assavoir des livres, calices et autres choses à ce

1. Elle ne fut reprise aux Anglais que le 22 octobre 1437.
2. Achevés, terminés (voy. Godefroy, I, 452. La Curne de Ste-Palaye, II, 284, au mot assovir).

nécessaires; et aussi y sera dite et célébrée, aux despens du Roy, la messe basse cothidienne qui doit estre fondée en l'église de Montereau, jusques à ce que la ville dudit Montereau soit redduite en l'obéissance du Roy. Et, au seurplus, touchans les édiffices et fondacions qui se doivent faire en ladicte ville de Montereau, ou au plus près d'icelle, de la part du Roy sera mise, dedans lesdiz troys moys, après que icelle ville de Montereau sera redduite en l'obéissance du Roy, ès mains de cellui ou ceulx que y vouldra ordonner et commectre mondit seigneur le cardinal de Saincte Croix, certaine somme d'argent souffisant pour commancer à faire lesdiz édiffices, et aussi aucunes bonnes receptes souffisans pour acomplir et parfaire iceulx édiffices, et achapter les calices, livres, aournemens et autres choses à ce nécessaires et convenables. Et, d'autre part, seront aussi lors advisées, assises et délivrées les rentes dessus déclairées, montans, pour ledit lieu de Montereau, huit cens soixante livres[1] parisis par an, bien revenans et seurement admorties, et assises au plus près que bonnement faire se pourra dudit lieu de Montereau, sans y comprendre les cent livres parisis de rente qui tantost doivent être assises pour la fondacion de ladicte haulte messe ès Chartreux lez Dijon.

10. Item, et que, pour et en recompensacion des joyaulx et autres biens meubles que avoit feu mondit seigneur le duc Jehan, au temps de son décès, qui furent prins et perduz, et, pour en avoir et achapter des autres, en lieu d'iceulx, le Roy paiera et fera bailler reaulment et de fait à mondit seigneur de Bourgoigne la somme de cinquante mil vieulz escuz d'or[2], du poix de soixante quatre au marc de Troyes, huit

---

1. L'article 6 porte huit cents livres seulement.
2. L'écu d'or (qu'il ne faut pas confondre avec le denier d'or à l'écu) a apparu sous Charles VI. Cette monnaie est caractérisée par la présence de l'écu de France, au droit, et d'une croix fleuronnée, au revers. Il faut remonter jusqu'au 11 octobre 1415 pour trouver un mandement

onces pour le marc et à vint et quatre karaz [1], un quart de
karat de remede d'aloy, ou autre monnoye d'or coursable, à
la valeur [2], aux termes qui s'ensuivent; c'est assavoir quinze
mille à de Pasques prochainement venant en un an, qui
commancera l'an mil CCCC trente et sept, et quinze mille
aux Pasques ensuivans, mil CCCC xxxviii, et les vint mille
qui resteront aux autres Pasques ensuivans, esquelles commancera l'an mil CCCC xxxix; et, avec ce, est et sera à
mondit seigneur de Bourgoigne sauve son action et poursuite
ou regart du bel colier de feu mondit seigneur son père, à
l'encontre de tous ceulx qui l'ont eu, ou ont, pour l'avoir et
recouvrer, pour ledit colier et joyaulx avoir à son prouffit,
et en oultre et pardessus lesdiz L[m] escuz.

11. ITEM, et que, de la part du Roy à mondit seigneur de
Bourgoigne, pour partie de son intérest, seront délaissées

royal (*Ordonnances*, t. X, table et p. 248, Obs.) qui ait donné ordre
de frapper des écus d'or conformes à ceux qui sont mentionnés dans
le traité d'Arras, c'est-à-dire à la taille de 64 au marc et au titre de
24 carats. Les écus d'or de cette espèce méritaient donc, en 1435, le
titre de *vieux écus*. Tous les écus d'or frappés après l'émission du
11 octobre 1415 étaient ou d'un poids plus faible (ils avaient été
taillés à raison de 67, 68, 70 ou 72 au marc) ou d'un titre inférieur
(22 carats 1/2, 23 carats). Le marc de Troyes pesant 4,608 grains,
soit 244 grammes 752 millig., chacun des vieux écus dont il est ici
question avait un poids égal à 3 grammes 8242, et une valeur intrinsèque qu'on peut, d'après les tableaux de M. de Wailly, évaluer à
13 francs 3 cent. 5253178 (V. de Wailly, *Mémoire sur les variations
de la livre tournois*, p. 71). Cinquante mille écus sont donc repré-
sentés par 651,762 francs, ou environ, d'or monnayé. Quant à la valeur relative il serait téméraire de vouloir la fixer. [Note de M. Prou.]

1. Le titre de l'or se partageait en 24 degrés, dits carats; l'or à
24 carats était donc l'or le plus fin.

2. Le remède d'aloi ou de loi était la quantité de fin que les
maîtres des monnaies pouvaient employer de moins dans la fabrication
des espèces. Ainsi, les vieux écus mentionnés dans le traité d'Arras
pouvaient n'être qu'au titre de 23 carats 3/4; ce dernier titre était le
titre de tolérance (Note de M. Prou).

et, avec ce, baillées et transportées de nouvel, pour luy et ses hoirs, procreez de son corps, et les hoirs de ses hoirs, en descendant tousjours en directe ligne, soient masles ou femelles, les terres et seigneuries qui s'ensuivent ; c'est assavoir : la cité et conté de Mascon, ensemble toutes les villes, villages, terres, cens, rentes et revenues quelzconques, qui sont, ou appartiennent, ou doivent competer et appartenir en demaine au Roy et à la couronne de France, en et par tout les villages reaulx de Mascon et de Saint-Gengon [1], et ès mectes d'iceulx, avecques toutes les appartenances et appendances d'icelles conté de Mascon et autres seigneuries que tient et doit tenir le Roy de demaine et en demaine, en et par tout lesdiz bailliages de Mascon et de Saint-Gengon, et tant en fiefz, arrierefiez, confiscacions, patronnages d'églises, collacions de bénéfices, comme en autres droiz et prouffiz quelzconques, sans y riens retenir, de la part du Roy, de ce qui touche et peut toucher le demaine et la seigneurie et juridicion ordinaire des conté et lieux dessusdiz ; et est sauve et réservé au Roy seulement le fief et hommage des choses dessusdictes, le ressort et souveraineté, ensemble la garde et souveraineté des églises et subgetz d'icelles de fondacion royal, estans ès mectes desdiz bailliages, et enclavées en iceulx, et le droit de régale là où il a lieu, et autres droiz royaulx appartenans d'ancienneté à la couronne de France ès bailliages dessusdiz, pour de ladicte cité et conté de Mascon, ensemble des villes, villages, terres et domaines dessusdiz joyr et user par mondit seigneur et sesdiz hoirs à tousjours, et les tenir en foy et hommage du Roy et de la couronne de France, et en parrie [2], soubz le ressort du Roy et de sa court de parlement, sans moien, pareillement et en teles franchises, droiz et prérogatives, comme les autres pers de France.

---

1. Saint-Gengoux-le-National (auparavant Saint-Gengoux-le-Royal), arr. de Màcon.
2. Pairie.

12. Item, et, avec ce, de la part du Roy seront transportez
et baillez à mondit seigneur de Bourgoigne et à cellui de
sesdiz hoirs legitimes et procrées de son corps, auquel il
délaissera, après son décès, ladicte conté de Mascon, tous
les prouffiz et esmolumens quelzconques qui escherront esdiz
bailliages reaulx de Mascon et de Saint-Gengon, à cause
des droiz reaulx et de souveraineté appartenans au Roy en
iceulx bailliages, soit par le moien de la garde et souveraineté des églises qui sont de fondacion royal, et des subgiez
d'icelles, droiz de régale ou autrement, et tant en confiscacions, pour quelque cas que ce soit, soit amendes exploiz de justice, le prouffit et esmolument de la monnoye,
comme en autres prouffiz quelzconques, pour en joyr par
mondit seigneur de Bourgoigne, et sondit hoir après lui,
durant leurs vies, et du seurvivent d'eulx, tant seulement en
et par la maniere qui s'ensuit ; c'est assavoir que, à la nominacion de mondit seigneur de Bourgoigne et de sondit
hoir après lui, le Roy commectra et ordonnera cellui qui
sera bailli de Mascon pour mondit seigneur de Bourgoigne,
juge royal et commis de par lui à congnoistre de tous cas
reaulx, et autres choses procédans des bailliages, pays, lieux
et enclavemens dessusdiz, aussi avant et tout en la forme et
manière que l'ont faict et acoustumé de faire par cy devant
les bailliz reaulx de Mascon et Saint-Gengon, qui y ont esté
le temps passé, et lequel bailliage de Saint-Gengon est et
sera aboly de présent par ce moien. Et, semblablement,
seront commis par le Roy, à la nominacion de mondit seigneur de Bourgoigne et de sondit hoir, tous autres officiers
nécessaires pour l'exercice de ladicte juridicion et droiz
reaulx, chastellains, cappitaines, prévostz, sergens, receveurs et autres, qui exerceront leurs offices ou nom du Roy,
au prouffit de mondit seigneur de Bourgoigne et de sondit
hoir après luy, comme dit est.

13. Item, et semblablement de la part du Roy seront
transportez et baillez à mondit seigneur de Bourgoigne, et

à sondit hoir après lui, tous les prouffiz des aides, c'est assavoir des greniers à sel, quatriesme des vins venduz à détail,
imposicions de toutes denrées, tailles, fouages, aides et subvencions quelzconques, qui ont ou auront cours et qui sont
ou seront imposées ès elections de Mascon, Chalon, Ostun
et Langres, si avant que icelles élections s'estendent, en et
par tout la duchié de Bourgoigne et conté de Charoloys, et
ladite conté de Mascon, et tout le païs de Masconnois, et ès
villes et terres quelzconques enclavées en icelles conté,
duchié et pays, pour joir de la part de mondit seigneur de
Bourgoigne, et de sondit hoir après lui, de tous lesdiz aides,
tailles et autres subvencions, et en avoir les prouffiz durant
le cours de leurs vies, et du seurvivant d'eulx ; auquel mondit seigneur de Bourgoigne, et à sondit hoir après lui, appartiendra la nominacion de tous les officiers à ce nécessaires,
soient esleuz, clers, receveurs, sergens, ou autres, et au Roy
la commission et institucion, comme dessus.

14. ITEM, et aussi sera par le Roy transporté et baillié
à mondit seigneur de Bourgoigne, à tousjours, pour lui et
ses hoirs légitimes et procreez de son corps, et les hoirs de
ses hoirs, soient masles ou femelles, descendens en directe
ligne, en héritage perpetuel, la cité et conté d'Ausseurre,
avecques toutes ses appartenances quelzconques, tant en
justice, demaine, fiefz, rierefiefz, patronnages d'églises, collacions de bénéfices, comme autrement, à la tenir du Roy et
de la couronne de France, en foy et hommage et en parrie
de France, soubz le ressort et souveraineté du Roy et de sa
court de parlement, sans moien, pareillement et en teles
franchises, droiz et prerogatives, comme les autres pers de
France.

15. ITEM, et avec ce, seront transportez et baillez par le
Roy à mondit seigneur de Bourgoigne et à cellui de sesdiz
hoirs auquel il délaissera, après son decès, ladicte conté
d'Aucerre, tous les prouffiz et esmolumens quelzconques qui

escherront en ladicte cité et conté d'Aucerre, et en toutes
les villes et terres enclavées en icelle conté, qui ne sont pas
de la conté, soient à églises ou à autres, à cause des droiz
reaulx, en quelque maniere que ce soit, tant en régales,
confiscacions, amendes et exploiz de justice, le proufit et
esmolument de la monnoie, comme autrement, pour en joir
par mondit seigneur de Bourgoigne, et sondit hoir après
lui, durant leurs vies et du scurvivant d'eulz tant seulement,
en et par la manière dessus déclairée; c'est assavoir que, à
la nominacion de mondit seigneur et de sondit hoir après
lui, le Roy commectra et ordonnera cellui qui sera bailli
d'Aucerre pour mondit seigneur de Bourgoigne, juge royal
et commis de par lui à cognoistre de tous cas réaulx et autres
choses, és mettes de ladicte conté d'Aucerre et des enclavemens d'icelle, aussi avant et tout par la forme et maniere
que l'ont faict et acoustumé de faire par cy devant les bailliz
de Sens audit lieu d'Aucerre[1]; et lequel bailli de Sens ne
s'en entremectra aucunement durant la vie de mondit seigneur de Bourgoigne et de sondit hoir, mais en laissera convenir le bailli d'Aucerre, qui sera juge commis de par le
Roy à ce faire. Et semblablement seront commis, de par le
Roy, à la nominacion de mondit seigneur de Bourgoigne et
de sondit hoir, tous autres officiers necessaires pour l'exercice de ladicte juridiction et droiz reaulx en la dicte conté
d'Ausseurre, tant chastellains, cappitaines, prevostz, sergens,
comme receveurs et autres, qui exerceront leurs offices ou
nom du Roy, au prouffit de mondit seigneur de Bourgoigne
et de sondit hoir après luy, comme dit est.

16. Item, en oultre, de la part du Roy seront transportées
et baillées à mondit seigneur de Bourgoigne, et à sondit
hoir après lui, tous les prouffiz des aides; c'est assavoir, des
greniers à sel, quatriesmes des vins venduz à détail, imposicions de toutes denrées, tailles, fouages et autres aides et

1. Auxerre faisait partie du bailliage de Sens depuis l'acquisition
du comté d'Auxerre par Charles V (1371).

subvencions quelzconques, qui ont ou auront cours, et qui
sont ou seront imposées en ladicte conté, cité et eslection
d'Aucerre, si avant que icelle eslection s'estent en ladicte
conté, et ou païs d'Auxerroys, et ès villes et villages en-
clavés en iceulx, pour en joyr par mondit seigneur de Bourgoigne et sondit hoir après lui, et en avoir le prouffit durant
le cours de leurs vies, et du scurvivant d'eulx tant seulement; auquel mondit seigneur de Bourgoigne, et sondit
hoir après lui, apartiendra la nominacion de tous les officiers
à ce nécessaires, soient esleuz, clercs, receveurs, sergens,
ou autres, et au Roy la commission et institucion, comme
dessus.

17. ITEM, aussi seront par le Roy transportez et baillez
à mondit seigneur de Bourgoigne, pour lui et ses hoirs légitimes, procreez de son corps, et les hoirs de ses hoirs,
soient masles ou femelles, descendans en ligne directe à
tousjours et en héritage perpetuel les chastel, ville et chastellenie de Bar-sur-Seine, ensemble toutes les appartenances
et appendences d'icelle châtellenie, tant en demaine, justice, juridicion, fiefz, rierefiefz, patronnages d'églises, collacions de bénéfices comme autres prouffiz et esmolumens
quelzconques, à les tenir du Roy en foy et hommage, et en
parrie de France, soubz le ressort et souveraineté du Roy
et de sa court de parlement, sans moien.

18. ITEM, et, avec ce, apartiendra à mondit seigneur de
Bourgoigne et, de la part du Roy, lui seront baillez et
transportez, pour lui et cellui de sesdiz hoirs auquel il délaissera, après son decès, la seigneurie dudit Bar-sur-Seine,
tous les prouffiz des aides, tant du grenier à sel, se grenier
y a acoustumé d'avoir, quatriesmes des vins venduz à détail, imposicions de toutes denrées, fouages, tailles et autres
aides et subvencions quelzconques, qui ont et auront cours,
et sont ou seront imposées en ladicte ville et chastellenie de
Bar-sur-Seine, et ès villes et villages subgetz et ressortissans

à icelle chastellenie, pour joyr de la part de mondit seigneur
de Bourgoigne, et de sondit hoir après lui, d'iceulx aides,
tailles et subvencions, et en avoir les proufliz par la main
des greneticrs et receveurs reaulx qui seront à ce commis
par le Roy, à la nominacion de mondit seigneur de Bourgoigne, durant les vies de lui, et de sondit hoir après lui,
et du seurvivant d'eulx.

19. ITEM, et aussi de la part du Roy sera transporté et
baillé à mondit seigneur de Bourgoigne, pour lui et ses
hoirs, contes de Bourgoigne, à tousjours et en héritage perpetuel, la garde de l'eglise et abbaye de Luxeu[1], ensemble
tous les droiz, proufliz et esmolumens quelzconques appartenant à ladicte garde ; laquelle le Roy, comme conte, et à
cause de la conté de Champaigne, dit et maintient à lui appartenir, combien que les contes de Bourgoigne, predecesseurs
de mondit Seigneur, ayent par cy devant pretendu et querelé
au contraire, disans et maintenans icelle église et abbaye de
Luxeu, qui est hors du royaume et ès mectes de la conté
de Bourgoigne, devoir estre de leur garde ; et, pour ce,
pour bien de paix, et obvier à tous debaz, sera délaissé
par le Roy et demourra ladicte garde entierement à mondit
seigneur, pour lui et ses successeurs, contes de Bourgoigne.

20. ITEM, et aussi seront par le Roy transportez et baillez
à mondit seigneur de Bourgoigne, pour lui et ses hoirs
masles legitimes, procreez de son corps, et les hoirs de ses
hoirs masles, tant seulement, procreez de leurs corps et
descendans d'eulx en ligne directe, à tousjours et en heri-
taige perpetuel, les chasteaulx, villes, chastellenies et prevostez forainnes de Péronne, Montdidier et Roye[2], avec
toutes leurs appartenances et appendances quelzconques,
tant en demaines, justices, juridicions, fiefz, riercfiez, pa-

1. Luxeuil, arr. de Lure.
2. Roye, arr. de Montdidier.

tronages d'églises, collacions de benefices, comme autres
droiz, prouffiz et emolumens quelzconques, à les tenir du
Roy et de la couronne de France, en foy et hommage, et
en parrie de France, soubz le ressort et souveraineté du Roy
et de sa court de parlement, sans moyen.

21. ITEM, avec ce, baillera et transportera le Roy à mondit seigneur de Bourgoigne, et à celui de sesdiz hoirs masles auquel il delaissera, après son décès, lesdictes villes et
chastellenies de Peronne, Montdidier et Roye, tous les
prouffiz et esmolumens quelzconques qui escherront en
icelles villes, chastellenies et prevostez foraines, et ès villes
et terres subgectes et ressortissans à icelles villes, chastellenies et prevostez foraines, à cause des droiz reaulx, en
quelque maniere que ce soit, tant en regales, confiscacions,
amendes et exploiz de justice, comme autrement, pour en
joir par mondit seigneur de Bourgoigne, et sondit hoir
masle apres lui, durant leurs vies et du seurvivant d'eulx,
tant seulement, en et par la manière dessus déclairée; c'est
assavoir que, à la nominacion de mondit seigneur de Bourgoigne, et de sondit hoir masle après lui, le Roy commectra
et ordonnera cellui qui sera gouverneur ou bailli desdictes
villes et chastellenies pour mondit seigneur de Bourgoigne,
juge royal et commis de par lui à cognoistre de tous cas
reaulx et autres choses procedans desdictes villes, chastellenies et prevostez foraines, et ès villes et terres subjectes
et ressortissans à icelles, aussi avant et par la forme et maniere que l'ont fait et acoustumé de faire par cy devant
les bailliz reaulx de Vermendoys et d'Amiens. Et, en oultre,
seront commis, se mestier est, par le Roy, à la nominacion
de mondit seigneur de Bourgoigne, et de sondit hoir masle,
tous autres officiers necessaires pour l'exercice de ladicte
juridicion et droiz reaulx, comme chastellains, cappitaines,
prevostz, sergens et autres, qui exerceront leurs offices ou
nom du Roy, au prouffit de mondit seigneur de Bourgoigne
et de sondit hoir masle après lui, comme dit est.

22. ITEM, et, semblablement, de la part du Roy seront transportés et bailliés à mondit seigneur de Bourgoigne et à sondit hoir masle après lui, tous les proulfiz des aides, c'est assavoir des greniers à sel, iiii^{es} de vins venduz à détail, imposicions de toutes denrées, tailles, fouages et autres aides et subvencions quelzconques, qui ont ou auront cours et qui sont ou seront imposées èsdictes villes, chastellenies et prevostez foraines de Peronne, Mondidier et Roye, et ès villes et terres subjectes et ressortissans à icelles villes, chastellenies et prevostez foraines, pour en joyr par mondit seigneur de Bourgoigne, et sondit hoir masle après lui, durant le cours de leurs vies, et du seurvivant d'eulx; auquel monseigneur de Bourgoigne, et à sondit hoir masle après lui, appartiendra la nominacion de tous les officiers à ce neccessaires, soient esleuz, clercs, receveurs, sergens, ou autres, et au Roy la commission et institucion, comme dessus.

23. ITEM, et, en oultre, de la part du Roy sera délaissé à mondit seigneur de Bourgoigne et à cellui de ses héritiers auquel, après son décès, il laissera la conté d'Artoys, la composicion des aides oudit Conté d'Artoys, ressors et enclavemens d'icelle, montant à présent icelle composicion à quatorze mille frans par an, ou environ, sans ce que mondit seigneur, ne sondit hoir après lui, durant leurs vies, soient abstrains d'en avoir autre don ou octroy du Roy, ne de ses successeurs ; et nommeront mondit seigneur, et sondit hoir après lui, telz officiers que bon leur semblera, pour le fait de ladicte composicion, tant esleuz, receveurs, sergens, comme autres, lesquelz ainsi nommez le Roy sera tenu de instituer et commectre esdiz offices, et leur en fera bailler ses lectres.

24. ITEM, et que le Roy baillera et transportera à mondit seigneur de Bourgoigne, pour lui, ses hoirs et aians cause, à tousjours, toutes les citez, forteresses, terres et seigneuries

appartenans à la couronne de France de et sur la rivière de
Somme, d'un cousté et d'autre, comme Saint-Quentin,
Corbie[1], Amiens, Abbeville, et autres; ensemble toute la
conté de Ponthieu, deçà et delà ladicte rivière de Somme,
Dorlens[2], Saint-Requier[3], Crevequeur[4], Alleux[5], Mortaigne[6], avec les appartenances et appendences quelzconques,
et toutes autres terres qui pevent appartenir à ladicte couronne de France, depuis ladicte rivière de Somme, inclusi-
vement, en tirant du cousté d'Artoys, de Flandres et de
Haynault, tant du royaume que de l'empire, en y comprenant
aussi, au regard des villes séans sur ladicte rivière de Somme,
du cousté de la France, les banlieues et eschevinages d'icelles
villes, pour joir par mondit seigneur de Bourgoigne, sesdiz
hoirs et aians cause, à tousjours, desdictes citez, villes, forteresses, terres et seigneuries, en tous prouffiz et revenues,
tant de demaine comme des aides ordonnez pour la guerre,
et aussi tailles et autres emolumens quelzconques, et sans y
retenir de la part du Roy, fors les foy et hommage, ressort
et souveraineté. Et lequel transport et bail se fera, comme
dict est, par le Roy, au rachapt de la somme de quatre cens
mil escuz d'or vielz[7], de LXIIII au marc de Troies, huit onces
pour marc, et d'aloy à XXIIII karaz, un quart de karat de remède[8], ou d'autre monnoie d'or coursable, à la valeur. Du-

1. Corbie, arr. d'Amiens.
2. Doullens.
3. Saint-Riquier, arr. et canton d'Abbeville.
4. Crèvecœur, canton de Marcoing, arr. de Cambray.
5. Arleux, arr. de Douai.
6. Mortagne, canton de Saint-Amand, arr. de Valenciennes.
7. Voy. ci-dessus, à l'article 10, la note 1 de M. Prou.
8. Voy. ci-dessus, à l'article 10, les notes 2 et 3 de M. Prou.
— Au lieu d'acquitter sa dette en vieux écus, le roi de France
pouvait l'acquitter en monnaies équivalentes, par exemple en royaux
d'or au titre de 24 carats et à la taille de 64 à la livre, comme ceux qu'on
avait frappés en vertu d'un mandement du 31 décembre 1433 (N. de
Wailly, ouv. cité, p. 74). Quatre cent mille vieux écus d'or représen-
taient environ 5,214,101 francs d'or monnayé (note de M. Prou).

quel rachapt de la part de mondit seigneur de Bourgoigne
seront baillées lectres bonnes et souffisans, par lesquelles
il promectra, pour lui et les siens, que, toutes et quanteffois
que il plaira au Roy, ou aux siens, faire le dit rachapt,
mondit seigneur de Bourgoigne et les siens seront tenuz,
en recevant ladicte somme d'or, de rendre, et délaisser au
Roy ou aux siens, toutes lesdictes citez, villes, forteresses,
terres et seigneuries comprinses en ce présent article, tant
seulement, et sans toucher aux autres, dont dessus est faicte
mencion [1]. Et sera content, en oultre, mondit seigneur de
Bourgoigne, de recevoir le paiement desdiz quatre cens
mille escuz à deux foiz, c'est assavoir à chacune foiz la moitié,
pourveu qu'il ne sera tenu de rendre lesdictes citez, villes,
forteresses, terres et seigneuries, ne aucune d'icelles jusques
tout le paiement soit acomply et qu'il ait receu le derenier
denier desdiz cccc[m] escus. Et, ce pendant, fera mondit seigneur de Bourgoigne les fruiz siens de toutes lesdictes citez,
villes, forteresses, terres et seigneuries, tant des demaines,
comme des aides et autrement, sans en riens déduire ne ra-
batre du principal. Et est à entendre que oudit transport et
bail que fera le Roy, comme dit est, ne seront point comprins la cité de Tournay, et baillage de Tournay, Tournezis
et Saint-Amand [2], mais demoureront icelles cité et bailliage
de Tournay et Tournezis et Saint-Amand ès mains du Roy,
réservé Mortaigne, qui y est comprins et demourra à mondit
seigneur de Bourgoigne, ainsi que dessus est dit. Et, combien que ladicte cité de Tournay ne doye point estre baillée
à mondit seigneur de Bourgoigne, ce non obstant, est réservé à icellui monseigneur de Bourgoigne l'argent à lui accordé par ceulz de ladicte ville de Tournay, par certain
traictié qu'il a avecques eulx, durant jusques certain temps et

---

1. Sur cette clause importante, dont Louis XI profita pour racheter
les villes de la Somme, voy. E. Cosneau, *Le connétable de Richemont*
p. 230, 231, 552-554.

2. Saint-Amand, arr. de Valenciennes.

années à venir; et lequel argent lesdiz de Tournay paieront
entierement à mondit seigneur de Bourgoigne. Et est assavoir que, au regart de tous officiers qui seront necessaires à mectre et instituer ès citez, villes, forteresses, terres
et seigneuries dessusdictes, au regart du demaine, mondit
seigneur de Bourgoigne et les siens les y metront et ins-
titueront plainement à leur voulenté; et, au regart des
droiz reaulx, et aussi des aides et tailles, la nominacion en
appartiendra à mondit seigneur de Bourgoigne et aux siens,
et la commission et institucion au Roy et à ses successeurs,
comme dessus est déclairé, en cas semblable.

25. ITEM, et, pour ce que mon seigneur de Bourgoigne
prétend avoir droit en la conté de Boulongne-sur-la-Mer [1],
laquelle il tient et possède, et pour bien de paix, icelle conté
sera et demourra à mondit seigneur de Bourgoigne, et en
joyra, en tous proufliz et esmolumens, pour lui et ses hoirs
masles, procreez de son propre corps, seulement, et, en
après, sera et demourra icelle conté à ceux qui droit y ont
ou auront. Et sera chargé le Roy de apaisier et contenter
lesdiz pretendens avoir droit en icelle conté, telement que,
cependant, ilz n'y demandent ne querelent riens, ne en facent aucune poursuite à l'encontre de mondit seigneur de
Bourgoigne et de sesdiz enfans masles.

26. ITEM, et que les chastel, ville, conté et seignourie de
Gien sur Loire [2], que l'en dit avoir esté donnée et trans-

---

1. Jeanne, comtesse de Boulogne et d'Auvergne, veuve du duc de
Berry, avait épousé G. de La Trémoille en 1416 et était morte en
1422, laissant à son mari l'usufruit de tous ses biens (Anselme,
I, 108).

2. Le comté de Gien avait été donné, le 9 mars 1425, par Charles VII
à la duchesse de Guyenne, sœur de Philippe le Bon et femme du connétable de Richemont. Après la mort de la duchesse de Guyenne
(1442), il fut donné à la reine de France (E. Cosneau, Le Connét. de
Richemont, 113, 277, 330, 563).

portée pieça, avec la conté d'Estampes, et seignourie de
Dordan[1], par feu Monseigneur le duc de Berry, à feu Monseigneur le duc Jehan, pere de mondit seigneur de Bourgoigne[2], seront, de la part du Roy, mis et baillez reaulment,
et de fait, ès mains de nous, duc de Bourbonnois et d'Auvergne, tantost après ledit accord passé, pour les tenir et
gouverner l'espasse d'un an après ensuivant, et jusques à ce
que, durant ledit an, Jehan de Bourgoigne, à présent conte
d'Estempes[3], ou mondit Seigneur de Bourgoigne, pour lui,
aient monstré, ou fait monstrer au Roy et à son conseil
les lectres dudit don fait à feu mondit seigneur de Bourgoigne par mondit seigneur de Berry; lesquelles veues, se
elles sont trouvées souffisans et valables, sommierement et
de plain, et sans quelque procès, nous, duc de Bourbonnois
et d'Auvergne seront tenuz de bailler et delivrer audit conte
d'Estempes, nostre nepveu, lesdiz chastel, ville et conté de
Gien sur Loire, comme à lui appartenans, par le moien du
don et transport que lui en a fait mondit seigneur de
Bourgoigne, sans ce que, de la part du Roy, l'en puisse
ne doye alleguer au contraire aucune prescripcion ou laps
de temps, depuis le décès de feu mondit seigneur de Berry,

1. Dourdan, arr. de Rambouillet.
2. Le comté d'Etampes avait été donné, en 1387, par le duc de
Berry, à son frère Philippe le Hardi, puis à Jean sans Peur. Bien que
cette donation eût été révoquée après l'assassinat de Louis d'Orléans (1407), le duc de Bourgogne avait maintenu ses prétentions.
Après le traité de Troyes, le dauphin avait donné ce comté à Richard
de Bretagne, frère de Jean V et du comte de Richemont (8 mai 1421),
mais Richard n'avait pu en prendre possession. En 1434, Philippe le
Bon avait, à son tour, donné le comté d'Étampes à Jean de Bourgogne, comte de Nevers. De là un long procès, après lequel le comté
d'Etampes fut réuni au domaine royal (E. Cosneau, *Le Connét. de
Richemont*, p. 61, 231, 384, 497).
3. Jean de Bourgogne était le 2e fils de Philippe de Bourgogne, comte
de Nevers (4e fils de Philippe le Hardi) et de Bonne d'Artois, qui avait
épousé Philippe le Bon en secondes noces, le 30 novembre 1424, et
était morte le 17 sept. 1425 (Anselme, I, 251-252).

et aussi non ostant quelzconques contradiccions, ou opposicions d'autres, qui vouldroient prétendre droict en ladicte conté de Gien, ausquelz, s'aucuns en y a, sera reservé leur droit, pour le poursuir par voye de justice, quant bon leur semblera, contre ledit conte d'Estempes.

27. ITEM, et que par le Roy sera restitué et paié à monseigneur le conte de Nevers[1] et audit monseigneur d'Estempes, son frère, la somme de trente deux mille huit cens escuz d'or, que feu le Roy Charles derrenier trespassé fit prandre, comme l'en dit, en l'église de Rouen, où icelle somme estoit en deppost, comme denier de mariage, et appartenans à feue madame Bonne d'Artoys[2], mere desdiz seigneurs, ou cas que l'en fera deuement apparoir que icelle somme ait esté et soit allouée en compte au prouffit dudit feu Roy Charles, à paier icelle somme de xxxii^m viii^c escuz à telz termes raisonnables qui seront advisés, après le paiement faict et acomply à mondit seigneur de Bourgoigne des l.^{m} escuz, dont dessus est faicte mencion. Et, au regart des debtes que mondit seigneur de Bourgoigne dit et maintient à lui estre deues par feu ledit Roy Charles, tant à cause de dons et pensions, comme autrement, montans à bien grans somes de deniers, son droit, tel que a et doit avoir pour la recouvrance d'icelles, lui demourra sauf et entier.

28. ITEM et que mondit seigneur de Bourgoigne ne sera tenu de faire aucune foy, ne homage, ne service au Roy des terres et seignouries qu'il tient à présent ou royaume de France, ne de celles qu'il doit avoir par ce présent traictié, et pareillement de celles qui lui pourront escheoir cy après, par succession, oudit royaume; mais sera et demourra exempt, de sa personne, en tous cas, de subjeccion, hom-

---

1. Charles de Bourgogne, comte de Nevers, fils ainé de Philippe de Bourgogne, comte de Nevers (Anselme, I, 251-52).
2. Voy. ci-dessus, p. 142.

mage, ressor, souveraincté et autres du Roy, durant la vie de lui ; mais, après son décès, mondit seigneur de Bourgoigne fera à son filz et successeur en la couronne de France les hommages, fidélitez et services qu'il appartient ; et aussi, se mondict seigneur de Bougoigne aloit de vie à trespas avant le Roy, ses héritiers et aians cause feront au Roy lesdiz hommages, fidelitez et services ainsi qu'il appartiendra.

29. Item, pource que cy après mondit seigneur de Bourgoigne, tant ès lectres qui se feront de la paix comme en autres lectres et escriptures, et aussi de bouche recognoistra et nommera et pourra nommer et recognoistre, là ou il appartiendra, le Roy son souverain seigneur, offrent et consentent lesdiz ambaxeurs du Roy que lesdictes nominacions et recognoissance, tant par escript que de bouche, ne portent aucun prejudice à ladicte exempcion personnelle de mondit seigneur de Bourgoigne, sa vie durant, et que, ce non obstant, icelle exempcion demeure en sa vertu, selon le contenu en l'article précédant, et aussi que icelles nominacions et recognoissance ne se extendent que aux terres et seigneuries que icellui mon seigneur de Bourgoigne tient et tendra en ce royaume.

30. Item, au regard des féaulx et subgez de mondit seigneur de Bourgoigne, des seignouries qu'il a et tient et doit avoir par ce présent traictié, qui lui pourront escheoir par succession ou royaume de France, durant les vies du Roy et de lui, ilz ne seront point contrains d'eulz armer au commandement du Roy ne de ses officiers, supposé ores qu'ilz tiennent, avec ce, du Roy aucunes terres et seigneuries ; mais est content le Roy que, toutes les foiz qu'il plaira à mondit seigneur de Bourgoigne mander sesdiz féaulx et subgez pour ses guerres, soit ou royaume ou dehors, ilz soient tenus et contrains de y aler, sans povoir ne devoir venir au mandement du Roy, se lors il les mandoit ; et pareillement sera fait au regard des serviteurs de mondit seigneur de

Bourgoigne, qui sont ses familliers et de son hostel, supposé qu'ils ne soient pas ses subgiez.

31. Item, et, toutesvoies, s'il avient que les Anglois, ou autres leurs aliez, facent guerre cy après à mondit seigneur de Bourgoigne, ou à ses pais et subgiez, à l'occasion de ce présent accord, ou autrement, le Roy sera tenu de secourir et aider mondit seigneur de Bourgoigne et ses pais et subgiez ausquels l'en feroit guerre, soit par mer ou par terre, à toute puissance ou autrement, selon que le cas le requerra, et tout ainsi comme pour son propre fait.

32. Item, que, de la part du Roy et de ses successeurs, Roys de France, ne sera faicte, ne permise, ou soufferte faire par les princes et seigneurs dessusdiz aucune paix, traictié ou accord avec son adversaire et ceulx de la part d'Angleterre, sans le signiffier à mondit seigneur de Bourgoigne et à son héritier principal après lui, et sans leur exprès consentement et les y appeller et comprendre, se comprins y veulent estre ; pourveu que pareillement soit fait de la part de mondit seigneur de Bourgoigne et de sondit hoir principal, au regart et en tant comme il touche la guerre d'entre France et Angleterre.

33. Item, et que mondit seigneur de Bourgoigne et tous ses féaulx, subgiez et autres, qui, par cy devant, ont porté en armes l'enseigne de mondit seigneur, c'est assavoir la croix de Saint André, ne seront point contrains de prendre ne porter autre enseigne, en quelque mandement ou armée qu'ilz soient, en ce royaume ou dehors, soit en la présence du Roy ou de ses connestable et mareschaux, et soient à ses gaiges ou soubzdées, ou autrement.

34. Item, et que le Roy fera restituer et desdommager de leurs pertes raisonnables, et aussi de leur raençons ceux qui furent prins le jour de la mort dudit feu monseigneur le duc

Jehan, cui Dieu absoille, et qui y perdirent leurs biens et furent grandement raençonnez [1].

35. ITEM, et que, au surplus, abolicion générale soit faicte de tous cas advenuz et de toutes choses dictes passées et faictes à l'occasion des divisions et guerres de ce royaume, excepté au regart de ceulx qui perpétrèrent ledit mauvais cas, ou furent consentans de la mort de feu mondit seigneur le duc Jehan de Bourgoigne, lesquelz seront et demourront hors de tout traictié ; et que, au seurplus, chacun, d'un cousté et d'autre, retourne, c'est assavoir les gens d'église en leurs églises et bénéfices, et les séculiers à leurs terres, rentes, héritages, possessions et biens immeubles, en l'estat qu'ilz seront, reservé au regard des terres et seigneuries estans en la conté de Bourgoigne, lesquelles mondit seigneur de Bourgoigne et feu monseigneur son père ont eues et retenues, ou ont données à autruy, comme confisquées à eulx, à causes desdictes guerres et divisions ; lesquelles seront et demourront, non obstant ladite abolicion et accord, à ceulz qui les tiennent et possèdent ; mais, partout ailleurs, chacun reviendra à ses terres et héritages, comme dit est, sans ce que, pour démolicion, empiremens, gardes de places, ou réparacions quelzconques, on puist riens demander l'un à l'autre ; et sera chacun tenu quicte des charges et rentes escheues du temps qu'il n'aura joy de ses terres et héritages ; mais, au regart des meubles prins ou euz d'un cousté et d'autre, jamais n'en pourra estre faicte aucune querelle ou question, d'un cousté ne d'autre.

---

1. Jean sans Peur était, comme le dauphin, accompagné de dix chevaliers : Ch. de Bourbon, Jean et Antoine de Vergy, Jean de Fribourg, Guy de Pontailler, Archambault de Foix, sire de Navailles, Guill. de Vienne, Jean de Neufchatel, seigneur de Montagu, Charles de Lens et Pierre de Giac. Archambault de Foix fut blessé mortellement ; les autres, moins le sire de Montagu, qui s'enfuit, furent arrêtés, retenus prisonniers et mis à rançon (Voy. Vallet de Viriville, *Charles VII*, t. I, 173, 183. De Beaucourt, *Charles VII*, t. I, 165, 172).

36. Item, et que, par ce présent traictié seront estaintes et abolies toutes injures, malveillances et reancunes, tant de paroles, de faict que autrement, advenues par cy devant, à l'occasion desdictes divisions, parcialitez et guerres, et tant d'une partie que d'autre, sans ce que nul en puisse aucune chose demander, ne faire question, ne poursuite, par procès, murmur, ne reproucher ou donner blasme pour avoir tenu aucun parti ; et que ceulz qui diront ou feront le contraire soient pugniz comme transgresseurs de paix, selon la qualité du meffect.

37. Item, et en ce présent traictié seront comprins expressément, de la part de mondit seigneur de Bourgoigne, toutes les gens d'église, nobles, bonnes villes, et autres, de quelque estat qu'ilz soient, qui ont tenu son parti et de feu mondit seigneur son père, et joyront du bénéfice de ce présent traictié, tant au regart de l'abolicion que de recouvrer et avoir tous leurs héritages et biens immeubles à eulz empeschez, tant ou royaume que ou Daulphiné, à l'occasion des dictes divisions, pourveu qu'ilz accepteront ce présent traictié et en voudront joir.

38. Item, et renoncera le Roy à l'aliance qu'il a faicte avec l'empereur[1] contre mondit seigneur de Bourgoigne, et à toutes autres aliances par lui faictes avec quelques princes ou seigneurs que ce soient, à l'encontre de mondit seigneur, pourveu mondit seigneur le face pareillement. Et sera tenu et promectra en oultre le Roy à mondit seigneur de le soustenir et aider à l'encontre de tous ceulz qui le vouldroient grever ou lui faire dommage, par voye de guerre ou aultrement ; et pareillement sera tenu et le promectra

1. L'empereur Sigismond de Luxembourg avait conclu un traité avec Charles VII contre le duc de Bourgogne, en juin 1434, et avait même adressé un défi à Philippe le Bon au commencement de 1435 (De Beaucourt, *Charles VII*, t. II, 480-82 ; III, 294).

mondit seigneur de Bourgoigne, sauve l'exempcion de sa personne, à sa vie, comme dit est.

39. Item, et consentira le Roy, et de ce baillera ses lectres, que, s'il avenoit cy après que, de sa part, feust enfrainct ce présent traictié, ses vassaulx, feaulx, subgiez et serviteurs, présens et a venir ne soient plus tenuz de le obéir ne servir, mais soient tenuz dès lors servir mondit seigneur de Bourgoigne et ses successeurs à l'encontre de lui ; et que, oudit cas, tous sesdiz féauls, vassaulx et subgiez et serviteurs soient absolz et quictes de tous sermens de fidélité et autres et de toutes promesses et obligacions de services en quoy ilz pourroient estre tenuz par avant envers le Roy, sans ce que, pour le temps après à venir, il leur puist estre imputé à charge ou reprouche, ne que on leur en puist riens demander ; et que, dès maintenant, pour lors, le Roy leur commande de ainsi le faire, et les quicte et descharge de toutes obligacions de seremens, ou cas dessusdit ; et que pareillement soit fait et consenti du cousté de mondit seigneur de Bourgoigne au regart de ses vassaulx, féaulx, subgiez et serviteurs.

40. Item, et seront de la part du Roy faictes les promesses, obligacions et submissions touchans l'entretenement de ce présent traictié ès mains de monseigneur le cardinal de Saincte-Croix, légat de nostre saint père le Pape, et de monseigneur le cardinal de Chippre, et autres ambaxadeurs du saint concile de Bale, les plus emples que l'en pourra adviser, et sur les peines d'escommeniement, aggravacion, réagravacion, interdit en ses terres et seigneuries et autrement, le plus avant que la censure de l'Eglise se pourra estendre en ceste partie, selon la puissance que en ont mesdiz seigneurs les cardinaux de nostre saint père le Pape et du consille, pourveu que pareillement sera faict du cousté de mondit seigneur de Bourgoigne.

41. ITEM, et, avec ce, fera le Roy, avec son scellé bailler à mondit seigneur de Bourgoigne les scellez des princes et seigneurs de son sang, de son obéissance, comme de monseigneur le duc d'Anjou[1], Charles, son frère[2], de monseigneur le duc de Bourbon[3], monseigneur d'Alençon[4], monseigneur le conte de Richemont[5], monseigneur le conte de Vendosme[6], le conte de Foix[7], le conte d'Armegnac[8], le conte de Perdriac[9], et d'autres que l'en advisera ; esquelz scellez desdiz princes sera incorporé le scellé du Roy ; et promectront d'entretenir de leur part le contenu dudit scellé, et, s'il estoit enfrainct de la part du Roy, de, en ce cas, estre aidans et confortans mondit seigneur de Bourgoigne et les siens, à l'encontre du Roy, et pareillement sera faict du cousté de mondit seigneur de Bourgoigne.

42. ITEM, et que pareillement le Roy fera bailler semblables scellez des gens d'église, des autres nobles et des bonnes villes de ce royaume de son obéissance, c'est assavoir ceulz desdictes gens d'église, nobles et bonnes villes que mondit seigneur vouldra nommer, avec seurtez de peines

---

1. René d'Anjou, second fils de Louis II d'Anjou et de Yolande d'Aragon. Il était devenu duc d'Anjou et roi de Sicile depuis la mort de son frère aîné, Louis III (1433).

2. Charles d'Anjou, comte de Mortain puis comte du Maine, 3e fils de Louis II d'Anjou (Anselme, I, 231, 232, 235).

3. Voy. ci-dessus, p. 119, n. 1.

4. Jean II, second duc d'Alençon, condamné à mort en 1458 et gracié par Charles VII (Anselme, I, 273).

5. Voy. ci-dessus, p. 116, n. 4.

6. Voy. ci-dessus, p. 119, n. 2.

7. Jean de Grailly, comte de Foix et de Bigorre, qui mourut le 4 mai 1436 (Anselme, III, 370, 373).

8. Jean IV, comte d'Armagnac, fils aîné du fameux connétable Bernard d'Armagnac, tué en 1418.

9. Bernard d'Armagnac, comte de Pardiac, puis comte de La Marche, second fils du connétable d'Armagnac. Il fut la tige des ducs de Nemours (Anselme, III, 420 et s.).

corporelles et pécunielles, et autres seurtez que messeigneurs les cardinaulx et autres prelaz cy envoiez de par nostre saint père le Pape et le saint concile de Bale adviseront y appartenir.

43. ITEM, et s'il avenoit cy après qu'il y eust aucune deffaulte ou obmission en l'acomplissement d'aucuns des articles dessusdiz, ou aucune infraccion ou attemptaz faiz contre le contenu esdiz articles, d'une part ou d'autre, ce non obstant, ceste presente paix, traictié et accord seront et demourront valables et en leur pleine force, vertu et vigueur, et ne sera pour tant icelle paix repputée cassée ou adnullée, mais les attemptaz seront reparez et les choses mal faictes contre icelle paix amendées, et aussi les deffaultes et obmissions acomplies et exécutées deuement, tout selon que dessus est escript, et à ce contrains tous ceulx qu'il appartendra, par la forme et manière et sur les peines dessus déclairées[1].

Toutes lesquelles choses expresses et declairées ès articles dessusdiz, nous et chacun de nous, pour tant que un chacun de nous touche et peut toucher, et par vertu du pouvoir à nous donné, avons appoincté, fait, promis, consenti et accordé, et, par ces présentes, promectons, appoinctons, faisons, consentons et accordons, c'est assavoir de dire ou faire dire les paroles contenues ou premier article touchant le cas advenu en la personne dudit feu monseigneur le duc Jehan de Bourgoigne, les habandonnemens, pugnicions, fondacions, transpors, dimissions, aliénacions, renonciacions, aliances, exempcions, abolicions, submissions à la

---

1. Depuis l'article premier, ce document est semblable au traité ratifié par Charles VII à Tours, le 10 décembre 1435, mais la fin n'est plus la même, c'est-à-dire qu'on n'y trouve pas la ratification de ce traité par le roi de France. Nous avons préféré le document de la Bibliothèque Nationale, parce qu'il reproduit mieux la marche des négociations et qu'il a quelque chose de plus vivant, avec les signatures et les sceaux des plénipotentiaires français.

censure de l'Eglise et desdiz legatz et ambaxeurs de nostre saint Père et du saint concile, avec toutes autres choses plus à plain déclairées et exprimées ès articles cy dessus escripz, et icelles promectons tenir et faire tenir et acomplir par le Roy nostredit sire, ses hoirs et successeurs, selon et par la manière que dessus est déclairé, sans fraude, barat[1] ne malengin quelzconques ; et à ce obligons le Roy et tous ses biens, ou nom que dessus, sans contrevenir en quelque manière que ce soit ; et, en oultre, promectons tout le contenu en ces présentes faire ratiffier, acomplir, approuver et consentir par le Roy nostre dit sire, et en bailler ses lectres confirmatoires et patentes, en forme deue, à mondit seigneur de Bourgoigne ou à ses commis pour lui en sa ville de Dijon, en dedans le xv° jour de décembre prouchain venant[2].

En tesmoing de ce, nous avons mis et escripz noz noms et seings manuelz et fait mectre noz seaulx à ces présentes lectres[3]. Donné à Arras, le xxi° jour de septembre l'an de grâce mil CCCC trente et cinq[4].

1. Tromperie.

2. Le traité d'Arras fut ratifié par Charles VII le 10 déc. Voy. cette ratification dans Olivier de La Marche, I, 210.

3. Suivent, au bas de cette charte, les signatures originales : Charles, Artur, Loys, R. arcevesque de R., Christofle, Fayete, Cambray, J. Tudert, G. Charretier, Moreau, J. Chastenier, et les onze sceaux, sur double queue de parchemin, au-dessous des noms, plus un douzième sceau, celui de Robert Mallière, sans signature au-dessus. Le document se compose de deux grandes feuilles de parchemin rattachées l'une à l'autre. Au point de jonction on voit, à droite et à gauche, la signature de J. Chastenier, portant sur les deux feuilles, et, à gauche, le sceau de Richemont. Le sceau de droite a été brisé ; il ne reste plus que l'attache.

4. Chartes de Colbert, 203, numéro 406 de la galerie des Chartes, à la Bibliothèque Nationale.

VI

TRÈVE CONCLUE A TOURS

ENTRE CHARLES VII ET HENRI VI

LE 28 MAI 1444

Le traité d'Arras n'avait pas interrompu la guerre avec les Anglais. Néanmoins les projets de paix ne furent pas abandonnés. On songea, dès 1436, à renouer des négociations entre les deux royaumes et même à marier Henri VI avec la fille aînée de Charles VII. En 1437 et 1438, le duc d'Orléans travailla sans cesse à sa propre libération et à un rapprochement entre la France et l'Angleterre. En 1439, il y eut d'importantes conférences à Gravelines. En 1440, le duc d'Orléans obtint sa mise en liberté (novembre), mais sans autre résultat[1]. Pendant les années suivantes, les pourparlers continuèrent à plusieurs reprises.

En 1442, les princes qui voulaient fomenter une nouvelle praguerie, les ducs d'Orléans, de Bourgogne, de Bourbon, d'Alençon, s'étant réunis à Nevers (février), se plaignirent du mauvais vouloir que le roi mettait à reprendre les négociations avec l'Angleterre pour conclure la paix. Charles répondit qu'il désirait aussi la paix, qu'il recommencerait volontiers les pourparlers quand il serait revenu de Guyenne, où l'appelait la « journée de Tartas ». Le succès de l'expédition de Guyenne (1442), la défaite de Talbot devant Dieppe et l'échec de Somerset en France (1443) ayant rendu les Anglais moins exigeants, William de La Pole, comte de Suffolk, fit prévaloir les idées pacifiques, avec l'appui du vieux cardinal Beaufort[2]. D'autre part, le pape Eugène IV exhortait les deux souverains à mettre fin aux maux de la guerre. Suffolk écarta le principal obstacle qui avait retardé les négociations, en faisant consentir le roi d'Angleterre à ce que les conférences eussent lieu dans une ville française. Nommé premier plénipotentiaire de Henri VI (11 fév. 1444),

---

1. La convention fut signée dès le 2 juillet 1440. Rymer, V, 1, 81-83. De Beaucourt, *Charles VII*, t. III, 156 et s. E. Cosneau, *Le connét. de Richemont*, 310, n. 3.

2. H. Beaufort, cardinal-évêque de Winchester, fils illégitime de J. de Gaunt, 3e fils d'Edouard III (*Dictionnary of National biography*, London, 1885, in-8, IV, 41 et s.).

il partit, dès le mois de mars, muni de pleins pouvoirs pour conclure la paix ou tout au moins une trêve avec la France. Il se rendit d'abord au Mans, où fut signée une trêve partielle le 8 avril [1], puis à Tours, le 16 avril. Le lendemain, les ambassadeurs anglais furent reçus en audience solennelle, au château de Montils-lez-Tours, par Charles VII. Suffolk lui remit une lettre datée du 22 février et adressée par Henri VI, roi d'Angleterre et de France, à son très cher oncle de France [2]. Pour la première fois, le jeune prince n'appelait plus Charles VII « l'adversaire », comme il le faisait auparavant. Néanmoins les prétentions de l'Angleterre ne permirent pas d'arriver à une entente définitive et complète. Henri VI ne voulait ni reconnaître Charles VII comme roi de France, ni se contenter de la Normandie, qu'on lui laissait, avec la Guyenne, sous réserve d'hommage. Il fallut donc renoncer encore à faire la paix, mais on décida le mariage de Henri VI avec Marguerite d'Anjou (22 mai) [3] et la conclusion d'une trêve. Les fiançailles furent célébrées le 24 mai dans l'église Saint-Martin de Tours, et quatre jours après (28 mai 1444), fut signée une trêve qui devait durer jusqu'au 1er avril 1446 [4].

Rymer donne le texte latin du traité de Tours, ratifié par Henri VI, à Westminster, le 27 juin 1444 [5]. On trouve aussi ce traité, en français, à la fin des Chroniques de Monstrelet [6], avec la date inexacte du 20 mai ; enfin, il y en a une autre copie française dans un des registres du Châtelet de Paris, conservés aux Archives nationales [7]. Cette copie authentique est bien préférable à celle de Monstrelet, qui est incomplète, et même à celle de Rymer. Tous les articles de la trêve y sont traduits presque

---

1. Ms. fr. 4054, fo 19 vo-23, à la Bibl. nat.

2. Voy. le t. XXX, fo 183 de la collect. Brienne, à la Bibl. nat.

3. Ms. lat. 10151, fo 366 et s., à la Bibl. nat.

4. Sur les faits qui précèdent la trêve de Tours, voy. Rymer, V, I, 30, 39, 45, 59 et s., 73, 77, 89, 93, 100, 107, 114, 129 ; Monstrelet, VI, 27 et s. ; M. d'Escouchy, III (Preuves), 47-51, 57, 61-68, 91 ; J. Chartier, II, 325 ; Berry, 425 ; — Rolls of Parliament, V, 66, 73, 74 ; Proceedings, V, 215, VI, x-xvii (préface), 32-35 ; J. Stevenson, Illustrative papers, I, 67 ; II, 356 ; D. Plancher, IV, clxiii et s. ; De Beaucourt, Charles VII, t. III, 103 et s., 152 et s., 197 et s., 215, 224 et s., 268-278 ; Vallet de V., Charles VII, t. II, 450-454 ; E. Cosneau, Richemont, 345 et s.

5. Rymer, V, I, 133 et s. et Du Mont, Corps diplom., V, I, 551 et s. La trêve fut publiée à Paris dès le 3 juin. Voy. ci-dessous, p. 170, 171 et le Journal d'un bourgeois de Paris, 373.

6. Monstrelet, VI, 97 et s.

7. Registre vert vieil second, Y4, fo 81 vo et s.

textuellement, sauf quelques passages très courts et très peu
importants. Ce texte français est plus concis et surtout plus clair
que le texte latin, manifestement fautif en plusieurs endroits et
rédigé dans un style barbare. C'est pour ces motifs que nous le
publions ici. D'ailleurs, nous donnons en appendice des pouvoirs
de Henri VI qui offrent un certain intérêt, et un autre passage
qu'on ne trouve pas dans le registre du Châtelet. Il ne sera pas
inutile de comparer la trêve de 1444 avec celle de 1396.

Trèves faites entre le Roy nostre sire et ses aliez, d'une
part, et le Roy d'Angleterre et les siens, d'autre part.

Charles, duc d'Orleans et de Valois, conte de Blois et de
Beaumont, seigneur de Coussy et d'Ast[1], Loys de Bourbon,
conte de Vendosme et de Chartres, souverain maistre d'ostel
de France[2], Pierre de Breszé, seigneur de la Varenne
et de Breschesac, seneschal de Poictou et d'Anjou[3], et
Bertran de Beauvau, seigneur de Pressïgny[4], chevaliers,
conseillers et chambellans de très exellent prince, le Roy
de France, nostre tres redoubté et souverain seigneur, à
tous ceulx qui ces présentes lettres verront, salut.

Comme nostre très saint père le Pape[5] ait souventesfois
prié et requis et exorté par ses lettres et messaiges, et
mesmemement derrenierement par reverend père en Dieu,

1. Charles d'Orléans, captif en Angleterre depuis la bataille d'Azincourt (1415, 25 oct.) jusqu'au 9 nov. 1440. On sait qu'il avait le comté
d'Asti (Anselme, I, 240).

2. Voy. ci-dessus, p. 119, n. 2.

3. Pierre II de Brezé, seigneur de la Varenne et de Brissac, sénéchal de Poitou et d'Anjou, devenu, vers cette époque, le principal
ministre de Charles VII, par la protection d'Agnès Sorel. Il mourut
le 16 juillet 1465. Il signe P. de Breszé (Anselme, VIII, 269 et s. La
Grande Encyclopédie).

4. Bertrand de Beauvau, d'une famille angevine, serviteur de la
maison d'Anjou. Son frère aîné, Pierre I, était aussi un des conseillers de Charles VII (La Chenaye-D. II, 734, 744). Il mourut en 1474.

5. Le pape Eugène IV. Le roi de France n'avait pas voulu reconnaître l'antipape Félix V, élu le 5 nov. 1439 par le concile de Bâle, et
qui avait pour lui l'Université de Paris.

l'évesque de Bresse[1], son ambaxeur et messaige, le Roy, nostre dit très redoubté et souverain seigneur, de condescendre et vouloir entendre, par moyen de longue trève ou autrement, à bonne paix, union et concorde, avec très hault et puissant prince, son nepveu d'Angleterre, lequel, pour ceste cause, a, puis nagueres, envoyé et transmis, à tout certain povoir, par devers nostre dit très redoubté et souverain seigneur, ses solemnelz ambaxeurs et messaiges, c'est assavoir Guillaume de la Pole, conte de Suffolk[2], grant maistre d'ostel dudit très hault et puissant prince, nepveu d'icellui nostre très redoubté et souverain seigneur, maistre Adam Molains, garde de son privé seel, docteur en loix, doyen de Salisbury, messires Robert Rooz[3] et Thomas Hoo[4], chevaliers, Richard Andrewe, secretaire dudit très hault et puissant prince, nepveu de nostre dit très redoubté et souverain seigneur, docteur en loix, et Jehan Wenlok, escuier; à laquelle chose le Roy, nostre dit très redoubté et souverain seigneur, pour reverence de Dieu, pour la pitié aussi et compassion qu'il a tousjours eue et a des grans dommaiges et aflictions que le povre peuple, tant d'une partie que d'autre, a eu longuement et encores a à souffrir et porter, à l'occasion de la guerre, et pour éviter l'effusion du sang humain, s'est libéralment condescendu, et, pour besongnier en ceste

---

1. Pierre de Mont-Dieu, évêque de Brescia, nonce du pape Eugène IV en France, où il resta longtemps (De Beaucourt, *Hist. de Charles VII*, t. IV, 265, 277, 379).

2. William de la Pole, comte, puis marquis et duc de Suffolk, un des meilleurs capitaines anglais et un des hommes d'état les plus remarquables de son temps. Il fut décapité en 1451 (Dugdale, *Baronage*, II, 186-189. *Proceedings*, VI, v, xv).

3. Robert Roos, habile diplomate, envoyé, en 1442, avec Th. Beckington, pour négocier le mariage de Henri VI avec une fille de Jean IV d'Armagnac (S. Harris Nicolas, *Journal by one of the suite of Th. Beckington*, London, 1828, in-8°). E. Cosneau, *Richemont*, 332-333).

4. Chancelier de France pour Henri VI, en 1435, après L. de Luxembourg, évêque de Thérouenne (Anselme, VI, 394. A. Tessereau, *Hist. de La Grande Chancellerie*, I, 39).

matière avecques les dis ambaxadeurs de son dit nepveu, et
sur tout communiquer, traictier et appoinctier avecques
eulx, lui ait pleu nous commettre et depputer de sa part, et
sur ce nous bailler ses lettres de povoir, dont la teneur
s'ensuit :

Charles [1], par la grace de Dieu, Roy de France, à tous
ceulx qui ces présentes lettres verront, salut.

Comme puis nagueres, très noble prince, nostre nepveu
d'Angleterre, eust envoyé par devers nous le conte de Suffolk
et autres, ses ambaxadeurs, pour le fait du traictié de la
paix d'entre nous, noz royaume et subgetz, d'une part, et
lui et les royaume et subgetz d'Angleterre, d'autre ; sur
laquelle matiere de paix eussent esté faictes plusieurs
ouvertures, entre aucuns des seigneurs de nostre sang et
autres de nostre grant conseil, par nous à ce commis, d'une
part, et les dis ambaxadeurs de nostre dit nepveu, d'autre ;
et, pour ce que, de présent, la matière n'a peu prendre
conclusion de paix final [2], nous aient les dis ambaxadeurs de
nostre dit nepveu requis trève [3] jusques à aucun brief temps,
en esperance de paix ; en aiant regard à laquelle requeste,
nous, qui pour honneur et revérence de Dieu, nostre createur,
(qui) a commandé paix, amour et charité entre les hommes,
et pour eschever l'effusion du sang humain et faire cesser
les orribles et execrables maulx, pechiés et inconveniens et
les très dures et insupportables oppressions, afflictions et

---

1. En marge du registre des Archives, on lit ici : « Procuracion du
Roy, nostre sire. »

2. Henri VI avait aussi donné à ses ambassadeurs d'autres pouvoirs
les autorisant à faire la paix. Ces pouvoirs, datés également du 11
février, sont dans Rymer avant ceux qu'on trouvera ci-dessous, mais
ils ne sont pas reproduits dans le registre du Châtelet. Nous les
donnons en appendice (voy. ci-dessous, Append. III, n° 1).

3. C'est après un mois de pourparlers, et quand il vit qu'on ne
pouvait pas encore s'entendre sur les conditions de la paix, que
Charles VII donna, le 20 mai, ces pouvoirs spéciaux autorisant la
conclusion d'une trève.

tourmens du povre peuple chrestien avenus, et qui vraissamblablement pourroient encores plus avenir, à l'occasion des aspres et cruelles guerres, qui longuement ont duré en ce royaume, et aussi en faveur et contemplacion de la proximité du sang et lignaige qui est entre nous et nostre dit nepveu, avons tousjours esté et sommes enclins, de tout nostre cuer, à toute bonne paix raisonnable, amour et union entre nous et lui, voulans tousjours à ce nous emploier et exiber, tellement que chascun apparçoive clérement le bon vouloir, désir et entencion que avons à la matiere dessusdicte, et le monstrer par effect, soions condescenduz d'entendre ou faire entendre par noz gens à ce commis, avecques lesdiz ambaxadeurs de nostre dit nepveu, à traictier et appoinctier sur le fait de la dicte trève, pour parvenir au bien de paix final ; savoir faisons que nous, confians à plain et entierement des personnes, de la loyaulté et preudommie, aussi des grans sens, prudence, discrecion et bonne experience de nostre très chier et très amé frère et cousin, le duc d'Orléans, et de nostre très chier et amé cousin, le conte de Vendosme, et de noz amez et féaulx conseilliers et chambellans, Pierre de Brézé, sire de la Varenne, et de Bertran de Beauvau, sire de Pressigny, chevaliers,

Avons eulx quatre et les trois et deux d'iceulx faiz, ordonnez, commis et depputez, faisons, ordonnons, commettons et depputons, par ces présentes, noz commissaires, procureurs et messaiges espéciaulx, pour entendre, besongnier et conclure, en la matière dessusdicte, avec les dis ambaxadeurs de nostre dit nepveu ; et avons donné et octroié, donnons et octroions, par ces presentes, à noz diz commissaires, et aux trois et deux d'iceulx, plain povoir, auctorité et mandement especial de prendre, faire, promettre, conscentir, fermer et conclurre, pour et ou nom de nous, avecques nostre dit nepveu, ou les diz ambaxadeurs, aians puissance souffisant de lui en ceste matière, trèves générales ou particulières, tant par terre que par eaue et aussy par mer, depuis tel temps et durans jusques à tel temps, et en

toutes les meilleures manières, voyes et formes que noz dits
commissaires, ou les trois, ou les deux d'iceulx adviseront
estre plus expedient de faire, pour nous, noz royaume,
terres, seigneuries, paiis, subgetz, vassaulx, amis, alliez
et confederez quelzconques; et de faire publier et proclamer
icelles trèves, qui ainsi seront prises et accordées, entre nos
dits commissaires ou les trois, ou deux d'iceulx et nostre dit
nepveu, ou ses dits ambaxadeurs, par tous noz royaume,
terres et seigneuries quelzconques, tout partout où besoing
sera ; de jurer, en nostre ame, que les dictes trèves, ainsi
comme dit est, prises et accordées, nous garderons, et, en
tant que à nous appartient, les ferons garder par nos subgetz ; et à faire, ordonner et depputer conservateurs et
juges des dictes trèves générales et espéciales, telz et en tel
nombre et ainsi qu'il leur semblera mieulx estre expédient.

Les quelz conservateurs aient puissance souffisant de corriger et refformer tout ce qui sera attempté ou mal fait
contre les dictes trèves, et à faire executer et expédier toutes
et chacunes les autres choses, qui ès choses dessus dictes
et chacune d'icelles seroient necessaires, ou aucunement
convenables.

Et promettons, en bonne foy, et en parole du (sic) Roy, de
tenir et faire tenir ferme et estable tout ce qui par noz dits
commissaires, ou les trois ou les deux d'iceulx, aura esté
fait ès choses dessus dictes ou en chacunes d'icelles ; et
que nous octroierons et ferons, ou ferons faire lettres confirmatoires, soubz nostre grant seel, de et sur tous et cha-
cuns les articles et appoinctemens desquelz entre eulx aura
esté appoinctié et accordé, et de les executer, à deue diligence,
selon leur forme et teneur, en tant que en nous est et à
nous appartient ; et ces choses nous promettons aussi soubz
hypothèque et obligacion de tous noz biens meubles et
immeubles, presens et à venir, tellement que jamaiz par
nous, ou en nostre nom, ne dirons, ferons, ou proposerons,
en jugement, ou dehors, quelque chose au contraire.

Mandons à tous noz justiciers et subgetz, que à nos dis

commissaires et aux trois, ou deux d'iceulx et à leurs lettres et mandemens obeissent et entendent diligemment.

En tesmoing de ce nous avons fait mettre nostre seel à ces présentes.

Donné aux Montiz-lez-Tours, le xxᵉ jour de may, l'an de grace mil CCCCXLIIII, et de nostre règne le xxiiᵉ. Ainsi signé par le Roy, en son conseil, ouquel le Roy de Sicile[1], monseigneur le daulphin, Charles d'Anjou[2], le conte de Vendosme, l'arcevesque de Lyon[3], l'évesque de Magalonne[4] et autres plusieurs estoient. CHALIGANT.

Savoir faisons que. après ce que, pour traictier de ladicte paix et trève, nous avons assemblé, par plusieurs journées, en ceste ville de Tours, avecques yceulx ambaxeurs d'Angleterre, nous, à leur requeste, avons, par vertu dudit povoir à nous donné, en esperance principalment de parvenir, dedans brief temps, à bonne paix et accord final[5], entre nostre dit très redoubté et souverain seigneur et son dit nepveu et les royaume de France et d'Angleterre, octroié, conscenti, promis et accordé, et par ces présentes octroions, conscentons, promettons et accordons, pour et ou nom de nostre dit très redoubté et souverain seigneur, avecques les dessus dits conte de Suffolk et autres messaiges et ambaxeurs d'Angleterre dessus nommez, et eulx aussi avecques nous, par vertu du povoir a eulx sur ce donné, duquel aussi la teneur s'ensuit[6] :

Henricus, Dei gracia, rex Anglie et Francie et dominus Hibernie, omnibus, ad quos presentes litere pervenerint, salutem.

1 et 2. Voy. ci-dessus, p. 149, n. 1 et 2.

3. G. Vassal (*Gallia Christiana*, IV, 176).

4. Rob. de Rouvres (*Gallia Christiana*, VI, 800).

5. Dès 1445, et pendant les années suivantes, il y eut des tentatives pour conclure une paix finale (Rymer, V, I, 146 et s., 167 et s., 172, 178, 183. J. Stevenson, *Illustrative papers*, I, 87-159, 356, 370-77. Bib. de l'Éc. des Chartes, VIII, 127). Delpit., *Docum. français*, 132.

6. En marge du registre : « Procuracion du Roy d'Angleterre ».

Sciatis quod nos, de prudencia, circumspectione, fidelitate, et industria carissimi consanguinei nostri Willelmi, comitis Suffolk, magni seneschalli hospicii nostri, dilecti clerici nostri magistri Ade Molains, legum doctoris, decani ecclesie cathedralis Saresberiensis ac custodis privati sigilli nostri, dilecti et fidelis nostri Roberti Rooz, militis, con iliarii nostri, dilecti et fidelis nostri Thome Hoo, militis, dilecti clerici nostri, magistri Richardi Andrewe, legum doctoris, secretarii nostri et dilecti nobis Johannis Wenlok, domicelli nostri, plenarie confidentes,

Ipsos, quinque, quatuor, tres et duos eorum fecimus, ordinavimus et deputavimus nostros certos et indubios ambassiatores, commissarios et nuncios speciales,

Dantes et concedentes ipsis, quinque, quatuor, tribus, et duobus eorum plenam potestatem et auctoritatem, ac mandatum speciale, pro nobis et nomine nostro, cum serenissimo principe Karolo Francie, avunculo nostro, nobis adversante, sive suis ambassiatoribus, oratoribus, procuratoribus, deputatis ac nunciis, potestatem sufficientem ab eo in hac parte habentibus, bonas, firmas et stabiles treugas[1], generales, vel particulares, tam per terram, quàm per mare et aquas, tam diu et tanto tempore duraturas omnibus melioribus modis, viis et forma, quibus ipsis ambassiatoribus, commissariis et nunciis nostris predictis, quinque, quatuor, tribus et duobus eorum, melius in eventum videbitur expedire, capiendi, ineundi, firmandi et finaliter concludendi, pro nobis, regnis, terris, dominiis, patriis, subditis, vassallis, amicis, alligatis, et confederatis nostris quibuscunque, et ipsas treugas, inter ipsos ambassiatores, commissarios, et nuncios nostros, quinque, quatuor, tres, aut duos eorum, et dictum adversarium nostrum[2], seu ambassiatores, oratores, procuratores,

---

1. On voit que ce sont des pouvoirs spéciaux, autorisant les ambassadeurs anglais à conclure non la paix, mais une trêve. Cela explique pourquoi ils sont seuls insérés dans le traité du 28 mai.

2. Voy. ci-dessus, p. 153.

deputatos et nuncios suos predictos, capiendi, et concordandi, per omnia regna, terras et dominia nostra quecunque publicari et proclamari faciendi, ubicunque opus fuerit, necnon jurandi, in animam nostram, quod dictas treugas, sic ut premittitur, captas et concordatas, observabimus et, quantum ad nos pertinet, per subditos nostros observari faciemus ;

Ac eciam, ut predicte treuge, sic capte, inite et concordate, firmiùs atque inviolabiliùs observentur et conserventur, tàm per terram, aquas, quàm per mare, ad faciendum, ordinandum et deputandum[1] tot et tales conservatores et judices dictarum treugarum generales et speciales et in tanto numero, prout et sicut eis melius videbitur expedire ; qui quidem conservatores habeant potestatem sufficientem corrigendi et refformandi totum et quicquid contra dictas treugas attemptatum seu male factum fuerit, necnon cetera omnia et singula faciendi, exercendi et expediendi que in premissis et quolibet premissorum necessaria fuerint, seu quomodolibet oportuna.

Et promittimus, bona fide et in verbo regio, ad tenendum et teneri faciendum firmum, ratum et stabile totum et quicquid per dictos ambassiatores nostros, quinque, quatuor, tres, aut duos eorum actum, factum, seu gestum fuerit in premissis, seu quolibet premissorum, et quod nos concedemus et faciemus, seu fieri faciemus literas confirmatorias, sub magno sigillo nostro, de et super omnibus et singulis articulis et appunctuamentis, de quibus inter eosdem fuerit appunctuatum et concordatum, et de exequendo eadem, cum debita diligencia, secundum formam et tenorem earumdem, quantum in nobis est et ad nos pertinet,

Et promittimus eciam, sub ypothecâ et obligacione omnium bonorum nostrorum, mobilium et immobilium, presentium et futurorum, ita quod nunquam per nos vel nomine nostro

---

1. Pour faciendi, ordinandi et deputandi, comme quelques lignes plus haut et six lignes plus bas.

dicemus, faciemus, aut proponemus, in judicio, vel extra,
quicquam in contrarium, mandantes omnibus justiciariis et
subditis nostris, quatenus dictis ambassiatoribus nostris,
quinque, quatuor, tribus et duobus eorum, ac eorum literis
et mandatis obediant et intendant diligenter[1].

In cujus rei testimonium has literas nostras patentes fieri
et magni sigilli nostri munimine fecimus roborari.

Datum apud manerium nostrum de Shene[2] undecima die
februarii, anno regni nostri vicesimo secundo. Sic signatum
per ipsum Regem[3].

1. Trèves generalles, pour le Roy nostre dit très redoubté
et souverain seigneur, son royaume, tant par terre et eaue
doulce que par mer, ses vassaulx et subgetz, aussi pour
tous ses alliez et pour tous leurs royaumes, seigneuries, pays,
terres, vassaulx et subgetz, et mesmement et nomméement
pour très haults et puissans princes, les Roys des Romains[4],
de Castelle et de Leon[5], de Sicile, duc d'Anjou, de Bar et

1. Sur ce sens du mot *intendant*, voy. Du Cange, *Gloss.*, III, 859.
2. Sheen, aujourd'hui Richmond, sur la Tamise, à l'O. de Londres.
Le vieux manoir d'Edouard III n'existe plus.
3. On trouve ensuite, dans Rymer, l'indication des alliés de l'Angleterre (voy. ci-dessous, Append. III, nᵒ 2, p. 187).
4. Frédéric III, élu roi des Romains le 11 nov. 1439. Il ne fut
couronné empereur à Rome qu'en 1452. Il est à remarquer que, dans
le texte latin du traité publié par Rymer, on voit figurer le roi des
Romains, non parmi les alliés de la France, mais parmi ceux de
l'Angleterre (voy. ci-dessous, p. 187). Henri VI était en relations
assez suivies avec Frédéric III (Rymer, V, 1, 78; — *Official corres-
pondance of Th. Beckynton*, edited by G. William, London, 1872,
in-8, t. I, 107, 134, 166, 243; t. II, 94-100). Charles VII était également en bons rapports avec l'empereur. Il avait même été question
d'un mariage entre Frédéric III et Marguerite d'Anjou, en 1442. En
1443, l'empereur avait écrit au roi de France pour lui demander des
secours contre les Suisses, et on sait que le dauphin fit une expédition contre eux, peu après la *trêve de Tours* (Vallet de Vir,
Charles VII, t. III, 31; De Beaucourt, *Charles VII*, t. III, 302 et s.;
t. IV, 12; A. Tuetey, *Les Ecorcheurs sous Charles VII*, t. II, 127 et s.).
5. Jean II, roi de Léon et Castille (1406-1454). Il avait déjà conclu

de Lorraine[1], le Roy d'Escoce[2], Monseigneur le Daulphin de
Viennois, ainsné filz de France, nous, duc d'Orleans dessus
nommé, les ducs de Bourgongne[3], de Bretaigne[4], de Bourbon[5]
et d'Alençon[6], le conte du Maine[7], et generalment pour tous
les autres seigneurs du sang du Roy, nostre dit très redoubté
et souverain seigneur et ses autres subgetz, amis, aliez,
aidans et adherans, et pour tous leurs royaumes, Daulphiné
de Viennois, duchiez, contez, et pour tous leurs autres
pays, terres et seigneuries, qu'ilz ont et tiennent, tant en ce
royaume que dehors, et pour tous leurs vassaulx et subgetz;
c'est assavoir au regard des dits amis, aliez et adherans non
subgetz, se comprins y veulent estre, et pour le dit très
hault et puissant prince, nepveu de nostre dit très redoubté

avec la France, à Valladolid, le 7 décembre 1408, un traité d'alliance
reproduit dans un autre traité signé à Madrid, le 31 janvier 1435;
mais les troubles de la Castille et la faiblesse de Jean II rendaient
cette alliance assez inutile (Rymer, IV, 1, 144; Leibniz, *Codex diplom.*, 354; Léonard, *Recueil de traités*, Paris, 1692, in-4º, I, 384;
Du Mont, II, 1, 321; II, 298; III, 1, 510. Original aux Arch. nat., J.
605, nº 80. De Beaucourt, *Charles VII*, t. II, 489). — Sur le roi de
Castille compris dans la trève de 1444, voy. Rymer, V, 1, 141.

1. Voy. ci-dessus, p. 149, n. 1. René d'Anjou était devenu duc de
Bar après la mort de son grand-oncle le cardinal de Bar, en 1430, et
duc de Lorraine après la mort de son beau-père, Charles II, duc de
Lorraine, en 1431.

2. Jacques II Stuart (1437-1460). L'alliance de la France et de
l'Écosse avait été resserrée par le mariage du dauphin avec Marguerite d'Écosse, fille de Jacques I (1436), et celui-ci avait même attaqué
l'Angleterre (1437); mais, après l'assassinat de Jacques I, les conseillers de son jeune fils, Jacques II, avaient conclu avec Henri VI une
trève qui devait durer neuf ans, à partir du 1er mai 1438. On voit que
l'alliance de l'Écosse n'avait pas alors une grande importance pour
Charles VII (De Beaucourt, II, 491 et s.; III, 319, 321; Rymer V, 1,
47).

3. Philippe le Bon. Voy. ci-dessus, p. 101.

4. François I (1442-1450), fils aîné de Jean V.

5. Voy. ci-dessus, p. 119, n. 1.

6. Voy. ci-dessus, p. 149, n. 4.

7. Voy. ci-dessus, p. 149, n. 2.

et souverain seigneur, et les royaume, seigneuries et terres quelzconques, vassaulx et subgetz d'Angleterre, et de toutes ses autres terres et seigneuries quelzconques, et pour les terres aussy et pays qu'il tient et occupe de ceste heure en cestuy royaume de France, et pour tous ses parens, amis, aidans et adherans qu'il y vouldra comprendre, se comprins y veulent estre; lesquelz aliez, aidans et adherans, non subgetz, d'un costé et d'autre, ou cas qu'ilz y voudront estre comprins, seront tenus de promettre et jurer garder ladicte trève, et de réparer ce que par eulx ou les leurs seroit fait au contraire.

A commencier les dictes trèves par tout ce dit royaume de France, tant par terre comme par eaue doulce, comprinz ens les portz de mer, c'est assavoir en la duché de Guienne et pays de Gascongne et ès pors de mer et isles qui y sont, le xve jour de juing prouchainement venant, à soleil levant, et en tout les autres pays et contrées de ce royaume et ès pors de mer et isles qui y sont, le premier jour de juing prouchainement venant, à soleil levant; et, au regard de la mer, le premier jour de juillet après ensuivant, a la dicte heure de soleil levant; et par tout les royaume d'Angleterre et seigneurie d'Illande et de Gales, et par toutes les autres seigneuries et isles quelzconques dudit très hault et puissant prince, nepveu de nostre dit très redoubté et souverain seigneur, le dit premier jour de juing prouchainement venant, à soleil levant; et, au regard de la mer, le dit premier jour de juillet prouchainement venant, à soleil levant; et, au regard des dits alliez, amis, aidans et adherans, non subgetz, d'un costé et d'autre, commenceront icelles trèves deux moys après que on aura signiffié la declaracion de leur voulenté d'une partie et d'autre; et, au regard de ce, souffira pour la descharge et acquit du Roy, nostre dit très redoubté et souverain seigneur, qu'il face signiffier la dicte declaracion et voulenté de ses dits aliez à icelui qui aura la charge et gouvernement pour le dit très hault et puissant prince, son nepveu d'Angleterre, desa la mer, ès parties de Normandie ou de Guienne ; et au regard d'icellui très hault et puissant prince, nepveu du Roy, nostre dit très redoubté et souverain seigneur, il souffira qu'il face faire ladicte signifficacion en la court de parlement, à Paris.

Et dureront les dictes trèves, commençans comme dessus, jusques au premier jour d'avril prouchainement venant, à soleil levant, et, dudit premier jour d'avril prouchain, à la dicte heure de soleil levant, jusques au premier jour d'avril, à semblable heure de soleil levant, l'an revolu, que l'en comptera, selon l'usaige de ce royaume, l'an mil CCCCXL cinq[1] avant pasques.

2. ITEM[2], et, durant lesdictes trèves cessera et fera le Roy, nostre dit très redoubté et souverain seigneur, cesser toute guerre et voie de fait entre lui et ses royaume, pays, subgetz et aliez, telz et ainsi que dit est, et le dit très hault et puissant prince, son nepveu d'Angleterre, et les siens ; lequel très hault et puissant prince, nepveu de nostre dit très redoubté et souverain seigneur, ne aidera ne favorisera aucun des subgetz du Roy, nostredit très redoubté et souverain seigneur, ne autre quelconque personne, à l'encontre de luy, ne en son dommaige ou prejudice ; et pareillement ne fera le Roy, nostredit très redoubté et souverain seigneur, au regard dudit très hault et puissant prince son nepveu.

3. ITEM[3], et, pendant icelles trèves, ne pourra l'une des-

1. Durabunt autem prælibatæ treugæ... usque ad ortum solis in primo die mensis aprilis, quod erit, *secundum computationem anglicanam*, anno Domini millesimo quadringentesimo quadragesimo *sexto*. (Voy. ci-dessus, p. 32, n. 2. Il y a d'autres exemples semblables dans Rymer, V, i, 152, 156. — En 1446, Pàques tomba le 18 avril. — On sait que cette trève fut renouvelée plusieurs fois les années suivantes (Rymer, V, i, 151 et s., 156, 187 et s.; V, ii, 3 et s., 7-8).

2. En marge du registre : « que toute guerre cesse ».

3. En marge du registre : « Que on ne preigne villes ne forteresses sur autruy, ne personnes ».

dictes parties, ne ses gens, prendre, ou parti ou obeissance
de l'autre, aucunes citez, villes, places et forteresses, ne
autres lieux, par force, par amblée, eschiellement, de jour ne
de nuyt, par vendicion, tradicion, seducion, ne autrement,
en quelque maniere ne soubz quelque couleur ou moyen que
ce soit. Et cesseront, et fera le Roy, nostredit très redoubté
et souverain seigneur, cesser toutes prinses de personnes
quelzconques, de quelque estat ou condicion qu'ilz soient,
et rançonnemens, excepté les rançons de ceulx qui auroient
esté prins par avant lesdictes trèves, pilleries, roberies,
boutemens de feux, et tout autre fait et exploict de guerre;
et ne pourront les gens de l'une desdictes parties tenir compaignie de gens de guerre ou parti de l'autre ne y porter
autre dommaige.

4. ITEM [1], et, s'il advenoit que les gens de l'une desdictes
parties prensissent aucune cité, ville, place ou forteresse sur
l'autre, la partie qui auroit fait la dicte prinse, ou dit cas,
sera tenue de rendre et faire remectre ladicte place ès mains
et obéissance de l'autre, ainsi qu'elle auroit esté par avant
ycelle prinse, et tout reparer et restablir; et, ou cas que,
sans force d'armes, ceulx qui auroient fait la dicte prinse ne
vouldroient obéir ne rendre ladicte place, la partie à laquelle
ilz auroient esté par avant ladicte prinse, ou au temps
d'icelle, sera tenue de les faire obéir et reparer icelle prinse
à ses despens.

Et aussi sera tenue l'une partie de luy aider en ce, se
elle en est requise; et, supposé que ladicte reparacion ne peust estre faite pendant les dictes trèves, neantmoins la partie à laquelle seroient ou auroient esté par
avant, ou au temps d'icelle prinse, ceulx qui auroient fait
ladicte prinse, sera tenue de la rendre et reparer entierement.

---

1. En marge du registre : « que on restablisse et repare ce qui
aura esté prins ».

5. Item [1], et ne pourra ne souffrera l'une partie ne l'autre faire ne emparer aucune place ou forteresse de nouvel ès marches des frontieres, ne l'une partie ailleurs en l'obeissance de l'autre ; et, se aucun faisoit le contraire, la partie à laquelle seroit le subget ou serviteur, qui auroit fait ledit emparement, sera tenue de faire demolir et abatre ledit nouvel emparement à ses despens.

6. Item [2], et, pendant lesdictes trèves, tous les subgetz d'une partie et d'autre pourront, desarmez, aler, venir, demourer, marchander de toutes marchandises, reservez habillemens de guerre, seurement et paisiblement, et faire toutes autres euvres et besongnes licites, les ungs ès pays des autres, sans estre empeschez, arrestez ou molestez, en quelque manière que ce soit, pour marque [3], reprisaille, contreprinse, ne pour quelque debte, obligacion, ne autre chose faicte ou advenue paravant lesdictes trèves, en payant tous peaiges, coustumes et autres devoirs ordonnez ès pays et lieux l'un de l'autre, telz et semblables qu'ilz sont acoustumez èsdits lieux et pays par où ilz passeront ; pourveu toutesvoies que les subgetz, nobles ou gens de guerre de l'une desdictes parties, ne pourront entrer ès chasteaulx, villes fermées et autres lieux fors et de l'obeissance de l'autre, sans congié des seigneurs ou capitaines desdits lieux et forteresses, ou de leurs lieuxtenans, et qu'ilz soient desarmez et en petit nombre. Et, au regard des vrais pellerins, ilz pourront aler en compaignie grant, moyenne ou petite, ainsi que pellerins ont acoustumé faire, en tous lieux où il aura pellerinaiges anciens et acoustumez. Et, au regard d'eulx et des autres personnes, comme marchans et autre menu peuple, il souffira qu'ilz demandent et obtiennent congié et licence d'entrer

1. En marge du registre : « que on ne repare ville ne forteresse sur les frontières ».

2. En marge du registre : « que on pourra aler et marchander ès pays de l'un de l'autre ».

3. Voy. ci-dessus, p. 83.

ès dictes villes, chasteaulx et forteresses aux portiers d'icelles.

7. ITEM[1], et, quant au fait des debtes et obligacions faictes, contraictes, passées et advenues entre les subgetz desdictes parties depuis lesdictes trèves et durant icelles, la contraincte, congnoissance ou jurisdiction en sera faicte par la justice du parti où les dictes debtes et obligacions auroient esté faictes, contraictes et advenues, sans faire aucun renvoy au lieu du domicille de la partie obligée ou tenue ; et, oudit cas, l'en pourra user d'arrest de personne et de biens, se la matière y est disposée ; et l'autre partie sera tenue de faire faire en son obeissance l'execucion des sentences et appoinctemens par requisitoire des juges et officiers qui les auront faiz ou donnez.

8. ITEM[2], et, au regard des delitz commis et perpetrez par les subgetz de l'une desdictes parties en l'obeissance de l'autre, durans lesdictes trèves, la congnoissance, juridicion et punicion en sera et appartendra à la justice du parti où le cas auroit esté commis ; et sera tenue l'autre partie de baillier les personnes des delinquans, se le cas requiert detencion de personnes, pour en estre fait par justice ainsi qu'il appartendra. Toutesvoies, s'il advenoit qu'il y eust confiscacion ou admande pour l'interest de justice, l'une partie ne pourra prendre droit ou confiscacion sur les biens estans ou parti de l'autre ; et, au regart de l'interest de partie, en sera fait comme dessus est dit des debtes et obligacions civilles.

9. ITEM, et, ou cas que lesdictes trèves fauldroient avant que reparacion ou satisfacion peust estre faicte d'aucunes

1. En marge du registre : « au regard des debtes faites et advenues durant lesdictes trèves ».

2. En marge du registre : « au regard des delitz commis et perpetrez durant lesdictes trèves ».

des choses dessus dictes, il en sera fait ainsi que dessus est contenu. Et se, depuis lesdictes trèves commencées, aucuns marchans ou autres de l'un desditz partiz avoient aucunes denrées ou autres biens ou parti et obeissance de l'autre qui y feussent à la fin d'icelles trèves, lesdits denrées et biens seront baillez et rendus seurement et sauvement à ceulx à qui ils appartendront, et leur en sera fait raison, ainsi que l'en eust fait durans les dictes trèves ; et, pour les transporter en leur parti, leur sera baillé sauf conduit valable, à pris raisonnable par l'autre partie.

10. ITEM, et pour ce que plusieurs des subgetz du Roy, nostre dit très redoubté et souverain seigneur, ont en l'obeissance de son dit nepveu d'Angleterre plusieurs terres et seigneuries, desquelles ils ont par cy devant joy en tout ou en partie, par mains de fermiers ou autrement, ils en pourront joir durant la dicte trève, ainsi et par la forme et manière qu'ilz faisoient par avant icelle.

11. ITEM [1], et au regard des appatiz [2] qui ont acoustumé d'estre levez d'un costé et d'autre, il en sera fait et ordonné par les conservateurs des dictes trèves ou par autres commissaires qui y seront ordonnez et depputez de par le Roy, nostre dit très redoubté et souverain seigneur, de sa part, et par lesdits ambaxadeurs ou autres commis de par le dit très hault et puissant prince, son nepveu d'Angleterre.

12. ITEM, et s'il advenoit que aucuns attemptas feussent faiz à l'encontre des dictes trèves, que Dieu ne vueille, elles ne seront par ce rompues, ne guerre pour ce ne sera faicte

1. Dans Rymer, cet article est le 12e et vient après le suivant.
2. Voy. ci-dessus, p. 84 et s., les articles de la trève de 1396 relatifs aux « patiz ». Peu de temps après la conclusion de la trève, des commissaires français et anglais se réunirent à Vernon, pour se concerter sur les mesures à prendre, notamment en ce qui concernait les « appatiz » (Ms. fr. 26072, no 5079, à la Bibl. nat.).

d'une partie ne d'autre, maiz demouront les dictes trèves en leur force et vertu, tout ainsy que se aucune chose n'avoit esté faicte au contraire ; maiz les dis attemptas seront reparez et les malfaicteurs puniz par les conservateurs et commissaires, qui à ce seront commis et ordonnez de par nostre dit très redoubté et souverain seigneur, pour sa part, et de par le dit très hault et puissant prince, son nepveu, pour la sienne.

13. ITEM, et se, durant lesdictes trèves, aucune question ou débat se mouvoit par une desdictes parties à l'encontre d'aucun, non subget ou alié de l'autre, icelle autre partie pour ce ne pourra, durant ladicte trève, soustenir ne soy alier avecques celuy contre lequel ledit debat seroit ainsi meu.

Toutes lesquelles choses dessus dictes et chacune d'icelles, nous, duc d'Orléans, conte de Vendosme, et autres dessus nommez, commis et depputez de par nostre dit très redoubté et souverain seigneur, le Roy de France, avons promis et juré, promettons et jurons, pour et ou nom et en l'âme de nostre dit très redoubté et souverain seigneur le Roy, par ces présentes, faire avoir agreables à icellui nostre très redoubté et souverain seigneur, et par ses lettres patentes, telles qu'il appartendra et que le cas le requiert, les louer, approuver et ratiffier, et ces dictes présentes confermer, et en bailler ou faire bailler ses lettres en la ville de Rouen[1], à celui qui aura le gouvernement pour son dit nepveu deça la mer, dedans le quinziesme jour de juillet prouchainement venant, pourveu que ainsi se face de la part dudit très hault et puissant prince, nepveu de nostre dit très redoubté et souverain seigneur et de ses dits ambaxeurs dessus nommez, et qu'ilz en baillent ou facent bailler ses lettres, en la ville de Paris, aux gens et officiers du Roy, nostre dit très

1. Henri VI devait bailler les siennes à Paris en cour du Parlement. Il ratifia le traité le 27 juin, à Westminster (Rymer, V, I, 133). On voit ci-dessous que Charles VII fit publier la trève dès le 3 juin.

redoubté et souverain seigneur, estans yllec et dedens le dit terme.

Et, en tesmoing de ce, nous et chascun de nous, en droit soy, avons signées de noz mains et fait seeller de noz seaulx ces dictes presentes.

Donné audit lieu de Tours, le xxviii° jour de may, l'an mil CCCCXLIIII. Ainsi signé, Charles, Loys, Pierre de Breszé, B. de Beauvau.

Au dos desquelles lettres estoit escript ce qui s'ensuit :

Leues et publiées par les carrefours acoustumez à faire criz et publicacions, en la ville de Paris, présents monseigneur le prevost[1], maistre Jehan de Longueil, son lieutenant civil, maistre Jehan Bezon, son lieutenant criminel, les prevost des marchans et eschevins de la ville de Paris, maistres Jehan Tillart, Hugues Bouchier, Nicolas Rosnel et Girard Colletier, examinateurs de par le Roy, nostre sire, ou Chastellet de Paris, le mercredi, trois jours du moys de juing, l'an de grace mil quatre cens quarante quatre. Ita est. J. Doulzsire.

---

1. Ambroise de Loré, un des plus vaillants capitaines de l'époque, prévôt de Paris depuis le 11 février 1437, mort le 23 mai 1446 (voy. E. Cosneau, *Le Connét. de Richemont*, 267, n. 7).

APPENDICE I

N° 1. Fin de l'article 11 et article 12 du traité de Brétigny.
(Voy. p. 46.) [1]

Fin de l'article 11 : « soient princes, dux, contes, vicontes, arcevesques, evesques et autres prélaz d'églises, barons, nobles et autres quelconques, senz riens à eulz, leurs hoirs et successeurs, la couronne de France ou autre que soit, retenir ne réserver en yceulz; pour quoy ilz, ne leurs hoirs et successeurs ou autres Roys de France, ou autre que ce soit, à cause du Roy ou de la couronne de France, aucune chose ne pourront chalengier ou demander ou temps avenir sur le Roy d'Engleterre, ses hoirs et successeurs, ou sur aucun de vassauls et subgiez avant diz, pour cause des païs et lieux avant nommez; einsi que tous les avant nommez personnes et leurs hoirs et successeurs perpetuelment seront hommes liges et subgiez du Roy d'Engleterre et à tous ses hoirs et successeurs; et que ledit Roy d'Engleterre, ses hoirs et successeurs, toutes les personnes, citez, contez, terres, païs, illes, chasteaulx et lieux avant nommez, et toutes les appartenances et appendances tendront, auront; et à eulz demourront pleinement, en leur seignourie, souvereineté et obéissance, ligeance et subjection, comme les Roys de France les avoient et tenoient en aucun temps passé; et que ledit Roy d'Engleterre, ses hoirs et successeurs auront et tendront perpetuelment tous les pays avant nommez, avec leur appartenances et

1. Les *Grandes Chroniques* (VI, 183) disent que les articles XI et XII du traité du 16 mai « furent ostés du traictié qui fut corrigié depuis à Calais ». Cette observation n'est exacte que pour l'article XII, car le traité du 24 octobre reproduit le commencement de l'article XI du traité du 8 mai, jusqu'à « ou subgiez quelconques d'iceulx ».

appendences, et les autres choses avant nommés, en toute franchise et liberté parpetuele, comme seigneur souverain et lige, et comme voisins au Roy et au royaume de France ; senz y recognoistre souvereineté, ou faire aucune obédience, hommage, ressort, subjection, et senz faire, en aucun temps avenir, aucuns service ou recognoissance aus Roys ne à la couronne de France des citez, contez, chasteaux, terres, paiis, illes, lieux et personnes avant nommez ou pour aucun d'icelles [1] ».

Article 12. « Item, est accordé que le Roy de France et son ainsné filz renounceront expressement aus diz ressorz et souvereinetés et à tout le droit qu'il ont ou povent avoir en toutes les choses qui, par ce présent traittié, doivent appartenir au Roy d'Engleterre ; et, samblablement, le Roy d'Engleterre et son ainsné fils renounceront expressément à toutes les choses qui, par ce présent traittié, ne doivent être baillées ne demourer au Roy d'Engleterre, et à toutes les demandes qu'il fasoit au Roy de France, et, par espécial, au nom et au droit de la couronne et du royaume de France et à l'omage, souveraineté et demeine du duchié de Normandie, de Touraine, des contez d'Anjou et du Maine, et à la souvereineté et hommage du duchié de Bretaigne, à la souveraineté et hommage du conté et paiis de Flandres, et à touz autres demandes que le Roy d'Engleterre fasoit ou faire pourroit au Roy de France, pour quelconque cause que ce soit, oultre ce, et excepté que, par ce présente traittié, doit demourer et estre baillé audit Roy d'Engleterre et à ses hoirs ; et transporteront, cesseront et délaisseront, l'uns Roys a l'autre parpetuelment tout le droit que chascun d'euls peut avoir en toutes les choses qui, par ce présent traitté, doivent demourer ou estre baillies à chascun d'eulz ; et du temps et lieu où et quant lesdittes renounciations se feront, parleront et ordeneront les deux Roys à Calais ensamble » [2].

1. Cf. l'art. 19 du traité de 1359.
2. Rymer, III, 1, 204. Cf. *Grandes Chroniques,* VI, 182-183.

N° 2. Fin des lettres de renonciations de jean II, données a Boulogne, le 26 oct. 1360 (Voy. ci-dessus, p. 35, 37, 38).

Nous, voulans le traittié, accorde et paiz dessus diz[1] tenir, garder et acomplir, sur tous les articles ci-dessus escrips et chascun d'iceulx, touz les paiis, cités, terres, contés et choses dessuz nommées ès diz articles, et toutes les appartenances et appendances, quelque part que il soient, baillons, rendons, delivrons et delaissons, pour nous, noz hoirs et successeurs, Rois de France, au dit Roy d'Engleterre, par ces présentes lettres, pour lui et pour ses hoirs et successeurs, et les transportons en lui, avecques toutes les honneurs, regalitez, obediences, hommages, ligeances, vassaux, fiez, services, recognoissances, seremens, droitures, mere et mixte impere, et toutes manières de jurisdicions hautes, moyennes et basses, ressors, sauvegardes, seigneuriez et souverainetez qui appartenoient, appartiennent ou pourroient en aucune manière appartenir aux Rois et à la couronne de France ou à aucune autre personne, à cause de nous et de la couronne de France, en quelque temps, ès citez, contez, chasteauls, terres, paiis, ylles et lieux avantnommez, ou en aucun d'euls, et à leurs appartenances et appendences quelconques ou personnes, vassauls ou subgiez quelconques d'iceulx, soient ès princes, dux, contes, arcevesques, evesques et autres prelaz d'eglises, barons, nobles et autres quelconques, senz riens à nous, noz hoirs et successeurs, la couronne de France, ou autre que ce soit, retenir ne reserver en yceuls.

Pourquoy nous, ne noz hoirs et successeurs ou autres Rois de France ou autre que ce soit, à cause de nous ou de la couronne de France, aucune chose ne pourroient chalenger ou demander, ou temps a venir, sur le dit Roy d'Engleterre, ses hoirs et successeurs ou sur aucun des vassauls et subgiez avant diz, pour cause des paiis et lieux avant nommez ; ainsi que tous les avantnommés personnes et leurs hoirs et successeurs parpetuelment seront hommes liges et subgiez du Roy d'Engleterre, ses hoirs successeurs [et que ledit Roy d'Engleterre, ses hoirs et

---

1. C.-à-d. le traité de Brétigny, ratifié à Calais et reproduit dans ces lettres de renonciations.

successeurs] toutes les personnes, cités, terres, contés, paiis, ylles, chasteaulx et lieux avant nommez et toutes les appartenances et appendences auront et tendront, et [à] euls demourront plainement, parpetuelement et franchement en leurs seigneuries, souveraineté et obeissance, ligeance et subjection, comme les Roys de France les avoient et tenoient en aucun temps passé.

Et que le dit Roy d'Engleterre, ses hoirs et successeurs auront et tendront parpetuelment touz les paiis avant nommez, avec leurs appartenances et appendences, et les autres choses avant nommées, en toute franchise et liberté parpetuele, comme seigneur souverain et lige et comme voisins au Roy et au royaume de France ; senz y recognoistre souveraineté ou faire aucune obeissance, hommage, ressort, subjection, et senz faire, en aucun temps à venir, aucun service ou recognoissance aus Roys ne à la couronne de France [des] cités, contés, chasteauls, terres, paiis, ylles et lieux avant nommez[1], [ou pour aucun d'icelles.

Et se des cités, contés, chasteaux, terres, paiis, ylles et lieux avant nommez], souverainetés, drois, mere et mixte impere, jurisdicions et proffis quelconques que tenoit aucune Rois d'Engleterre illecques, et en leurs appartenances et appendences quelconques, aucunes alienations, donations, obligacions, ou charges ont esté faites par aucun des rois de France qui ont esté pour le temps, puis sexante diz ans ença, per quelconque fourme ou cause que ce soit, toutes teles donations, alienations, obligations et charges nous, dès ores, rappelons, cassons et annulons du tout, et toutes choses, ainsi données, aliénées ou chargées rendrons et baillerons, realment et de fait, au dit Roy d'Engleterre ou à ses deputez especiaulx, à mesme l'entiereté qu'il furent ès Roys d'Engleterre depuis sexante dix ans ença, au plus tost que l'en pourra, senz malengin et, au plus tart, dedenz la feste de Toussains prochein venant en un an, à tenir au dit Roy d'Engleterre et à touz ses hoirs et successeurs, parpetuelment et heritablement, par maniere que dessus est dit[2].

Et toutes les citez, contez, chasteals et paiis dessus nommées, qui anciennement n'ont esté des Roys d'Engleterre aura et tendra en l'estat et aussi comme nous, ou noz fils, les tiennent à

1. Cf. l'art. 11 du traité du 8 mai, ci-dessus, p. 46 et 174.
2. Cf. l'art. 8 du traité du 24 octobre, ci-dessus, p. 45.

present. Et, se dedenz les metes des diz paiis qui furent anciennement des Rois d'Engleterre, avoit aucunes choses qui autres
foiz n'eussent esté des Rois d'Engleterre dont nous fussions en
possession le jour de la bataille de Poitiers, qui fu le xixe jour
de septembre l'an mill. CCC cinquante six, *nous les baillons,
delivrons et delaissons à toujours au dit Roy d'Engleterre, pour
lui et pour ses hoirs, en la manière que dessus est dit* [1] ;

Exceptées toutes choses données et aliénées ès églises, qui leur
demourront paisiblement en tous les paiis et lieux dessus nommez ; si que les personnes des dittes eglises prient diligemment
pour nous et nostre dit frère, comme pour leurs fondeurs [2] ;

Et seront subgiez les arcevesques, évesques et autres prelaz de
sainte église de celui des deux Roys souz qu'il tendront leur
temporalité ; et, se il ont temporalité souz touz les deux Rois,
ils serront subgiez de chascun des deux Rois pour leur temporalité qu'il ont souz chascun des deux Roys [3].

Et toutes les cités, villes, chasteauls, lieux et pais dessus dis et
les églises, prelaz, chapitres et toutes les communes et universi-
sités et singulières personnes d'icelles auront toutes leurs libertez, franchises et privileges, que il avoient au temps du dit
traittié et paix, et en joiront paisiblement, et leur seront confirmées par le dit Roy d'Angleterre, se il en est requis, se contraires
ne sont aux choses dessus dittes [4].

Et mandons et estroitement commandons et, avec ce, se mestier est, commettons, par ces presentes lettres, à touz nos seneschaulx et juges, baillis et prevoz, capitaines, chastellains, gardes des paiis, villes et lieux dessus diz, et à chascun d'iceuls, ou
à leurs lieuxtenants, que chascun, en la séneschalerie ou jugerie,
capitainerie, chastellerie et garde où il sont establis et ès ressors, sur la foy et obéissance qu'il nous doivent, et sur paine
d'encourer nostre indignation et d'estre privés de noz offices,
contraignent reidement touz les contredisanz, desobeissans et
rebelles, par toutes les voies et manières que mestier sera et que à
faire sera, obeir paisiblement, fermement et entierement aus

1. Cf. l'art. 10, ci-dessus, p. 46.
2. Cf. la fin de l'art. 8, ci-dessus, p. 45.
3. Cf. l'art. 29, ci-dessus, p. 59.
4. Cf. l'art. 21, ci-dessus, p. 55.

choses dessus escriptes et chascune d'icelles, selon la teneur de
ces présentes, et contraignent les désobéisanz et rebelles, en telle
manière, qu'il n'y conveigne autrement, pour tenir.

Sur toutes lesquelles choses et chascune d'icelles, et ès deppendances et appendences, nous voulons et commandons que touz
noz feauls et subgiez, capitaines, chastelains et gardes obeissent
et entendent à nos diz seneschaulx, baillis, juges et prevoz, et à
leur deputez et à chascun d'euls.

Et jurons que jamais ne ferons ne souffrerons estre fait par
nous, ne par autre, en privé ne en appert, aucune chose contraire ès choses devant dittes et aucun d'icelles.

En tesmoing de la quele chose nous avons fait mettre nostre
seel à ces presentes lettres.

Donné à Bouloigne, le xxvie jour d'octobre, l'an de grace
Mill. CCC sexante.

Et, pour ce que les dittes choses et chascune d'icelles soient
de point en point, et par la manière et forme dessusdittes, tenues
et acomplies, nous obligeons nous et noz hoirs, et tous les
biens de nous et de noz hoirs, à nostre dit frère, le Roy d'Angleterre, et à ses hoirs.

Et jurons aux sainz euvangiles, de par nous corporelement
touchées, que nous parferons, accorderons et accomplirons, ou
cas dessusdit [1], toutes les devant dittes choses per nous promises
et accordeez, comme devant est dit.

Et voulons que, ou cas que nostredit frère et nostredit neveu
auroient faites lesdittes renunciacions et envoiées et baillieez,
comme dit est [2], et lesdittes lettres [3] ne feussent baillies à nostredit frère au lieu et terme, et par la fourme et manière que dessus
est dit, dès lors, en cas dessus dit, noz presentes lettres, et quanque est compris dedenz aient tant de vigueur, effect et fermeté

---

1. C.-à-d. quand Edouard aura envoyé ses lettres de renonciations
à Bruges.

2. C.-à-d. les lettres de renonciations que le roi d'Angleterre doit
envoyer au couvent des Augustins, à la Saint-André de l'année 1361,
comme il est dit au commencement des lettres d'Edouard III (Rymer III,
ii, 17 et ci-dessus, p. 38).

3. C.-à-d. ces mêmes lettres du 26 octobre, que Jean II devra aussi
envoyer à Bruges, pour y être échangées contre celles d'Edouard III.

comme auroient noz autres lettres par nous promises à baillier, comme dessus est dit.

Sauf toutes voies et réservé pour nous, noz hoirs et successeurs que lesdittes lettres dessus encorporées n'aient aucun effect et ne nous puissent porter aucun préjudice ou dommage, jusques à ce que nostredit frère et nostredit neveu auront faites, envoiés et bailliées lesdittes renonciacions par la manière dessus ditte, et que ils ne s'en puissent aidier contre nous, noz hoirs et successeurs en aucune manière, senon ou cas dessus dit[1].

En tesmoing de laquele chose nous avons fait mettre nostre scel à ces présentes lettres.

Donné à Bouloigne, le xxvi⁰ jour d'octobre, l'an de grâce Mill. CCC Soixante[2].

Par le Roy,

J. Mathi.

---

1. C.-à-d. au cas où Jean II aurait reçu les lettres de renonciations d'Edouard III sans lui donner les siennes.

2. Rymer, III, II, 16, 17. Cf. *Froissart* (éd. S. Luce, VI, 46) et les lettres de renonciations d'Edouard III (Rymer, III, II, 19). — Sur la rupture du traité de Brétigny, voy. *Grandes Chron.*, VI, 183 et s., 254-255. *Froissart*, éd. S. Luce, VII, 84 et s. — Ch. Benoist, *La politique du roi Charles V*, Paris, 1886, p. 147 et s. — Voy. aussi dans la *Chronique Martinienne* (édit. gothique), le chapitre intitulé « Comment les Angloys ne tindrent point le traictié de Calais », feuillet ccLX et s. — Man. fr. 150 (nouv. acq.) fᵒˢ 486 et s., surtout le fᵒ 511 (à la Bibl. nationale).

APPENDICE II

Offres du Roi pour la paix [16 août 1429] (Voy. ci-dessus, p. 117, n. 2).

S'ensuivent les offres que les ambassadeurs du Roy Charles, c'est assavoir reverend pere en Dieu l'arcevesque de Reims, chancellier dudit Roy[1], Christofle de Harecourt[2], les seigneurs de Gaucourt[3] et de Dampierre[4] et le doyen de Paris[5], ses conseillers, ont faittes à Monseigneur le duc de Bourgoingne, tant à sa personne que d'aucuns ses commis, en sa ville d'Arras, afin de parvenir à paix avecques lui, et aussi à paix générale en ce royaulme.

Premièrement, en la présence de mondit seigneur de Bourgoingne ont requis lesdiz ambaxeurs paix et accord avecques lui, disans que à ceste fin ils feroient offres souffisans, et telles qu'il en devoit estre content.

Item, depuis, en la présence d'aucuns commis de mondit seigneur de Bourgoingne, et aussi présens Messire Amé de Challant, seigneur de Varey[6], messires Jacques Oriol, docteur ès droits civil et canon, juge de Breysse, et Amé Macet[7], seigneur de Troisverners, maistre d'ostel, tous conseillers de Monseigneur le duc de

---

1. Regnault de Chartres. Voy. ci-dessus, p. 119, n. 3.

2. Voy. ci-dessus, p. 119, n. 4.

3. Raoul VI de Gaucourt, un des plus vaillants capitaines du xv⁰ siècle (Voy. La Thaumassière, *Hist. de Berry*, 586 et s.). Il devint maître d'hôtel de Charles VII en 1453 (Anselme, VIII, 366).

4. Jacques de Châtillon, seigneur de Dampierre, grand pannetier de France en 1446, fils aîné de Jacques de Châtillon, amiral de France, tué à la bataille d'Azincourt (Anselme, VI, 113, VIII, 669).

5. Jean Tudert (Voy. ci-dessus, p. 119, n. 6).

6. Voy. S. Guichenon, *Hist. de Bresse et de Bugey*, Lyon, 1650, in-fol.; continuation de la 3⁰ partie, p. 74.

7. *Idem*, 2⁰ partie, p. 230.

Savoye et ses ambaxeurs, envoiés de par lui par devers les parties, pour traictié de la paix générale, ont lesdiz ambaxeurs dudit Roy Charles offert certaines choses, et aussi par les ambaxeurs de mondit seigneur de Savoye ont esté ouvertes certaines choses; de touttes lesquelles choses la déclaration s'ensuit :

Premièrement, que ledit Roy Charles recongnoistra, par lui ou ses gens notables souffisament fondez, que le cas de la mort de feu Monseigneur le duc Jehan de Bourgoingne, cui Dieu pardoint, père de Monseigneur de Bourgoingne, qui est à présent, fut mauvais et dampnable, et que icelle mort fut mauvaisement et dampnablement faite par ceulx qui parpetrarent ledit mauvais cas et par mauvais conseil, et lui en desplait de tout son cuer, et que, s'il eust eu tel aage et entendement qu'il a à présent, il y eust pourveu, mais il estoit bien jeune et avoit pour lors petite congnoissance, et ne fut point si advisié que de y pourveoir; et priera à mondit seigneur de Bourgoingne que la rancune ou hayne qu'il peut avoir conceu à l'encontre de lui, à cause de ce, il oste de son cuer, et que entre eulx y ait bonne paix et amour, et que, se ce traittié va avant, que ès lettres qui seront faites d'icellui traittié soit de ce que dit est fait expresse mention.

Item, que ceux qui perpétrarent ledit mauvais cas et qui en furent consentans, lesquels seront nommez [1], ledit Roy Charles habandonnera, et, s'il les peut tenir, il les punira selon l'exigence du cas, et, sinon, les bannira à tousjours, sans grâce ne rappel, de ses pays et seignouries, et seront hors de tout traittié.

Item, que, pour l'âme du feu mondit seigneur le duc Jehan et des autres trespassez seront faites par ledit Roy Charles aucunes fondacions; c'est assavoir une chapelle ou lieu où il fut tué, sur le pont de Monstereau, où l'en dira chascun jour messe, et ung couvent de vint et quatre religieux chartreux en la ville dudit Monstereau, ou emprès, avecques autres fondacions que l'en advisera.

Item, que restitution sera faitte a mondit seigneur de Bourgoingne des joyaulx et biens meubles que avoit avecques lui et devers lui ledit feu Monseigneur de Bourgoingne au temps de son decez audit lieu de Monstereau, ou la valeur et extimacion d'iceulx.

1. Voy. ci-dessus, p. 126, n. 1.

ITEM, que, pour les interests, fraiz et despens de mondit seigneur de Bourgoingne qui est à present, luy soient délaissiées, et,
se mestier est, baillées ou transportées, par maniere d'aspanaige,
touttes les terres et seignouries qu'il tient à présent, qui ont esté
du demaine dudit royaume ; en outre, ses terres et seignouries
qu'il a d'ancienneté ; et, avec ce, lui soient baillées et transportées autres terres et seignouries qui seront advisées.

ITEM, que à mondit seigneur de Bourgoingne soit fait paiement
et satisfaction de touttes les debtes à lui deues par feu le Roy
Charles darreiment trespassé, cui Dieu absoille, tant à cause
de dons et pensions que autrement, dont il fera apparoir par
mandemens, decharges et lettres souffisans.

ITEM, que mondit seigneur de Bourgoingne et ses feaulx vassaulx
et subgiez soyent et demeurent exemps dudit Roy Charles, sa
vie durant, de lui faire quelque hommaige ou serment de feaulté.
Et, en oultre, au regart de la personne de mondit seigneur, il
sera exempt de touttes chouses dudit Roy Charles, sa vie durant.

ITEM, que ledit Roy Charles face restituer et dedosmagier ceux
qui furent présens le jour de la mort de feu mondit seigneur le
duc Jehan, et qui perdirent leurs biens et furent rançonnez.

· ITEM, et que, au surplus, abolicion générale se face, et que
chacun retourne à ses terres et heritaiges, au regart des subgiez
de ce royaume, excepté d'aucunes terres qui seront declairées
une autre fois.

ITEM, que, pour l'entretenement de ladite paix, soient accordées et baillées toutes les plus grans et meilleurs seurtez que
l'en pourra advisier, tant d'ostaiges, peines corporelles et pécunielles que d'obligacions et submissions d'église, et séculières, les
plus fortes que l'en pourra advisier.

Et semble ausdiz ambaxeurs de mondit seigneur de Savoye
que, pour pervenir plus aisiément à ladite paix générale et à
ceste particulière, qu'il seroit expedient, voire necessité, de
prendre et accorder entre touttes les parties une abstinence de
guerre général pour aucun temps convenable à traitier de ladite
paix. Fait à Arras, le XVIᵉ jour d'aoust, l'an 1429 [1].

_____

1. Collection de Bourgogne, t. 99, fᵒˢ 241-243 (à la Bibl. Nat.). Ce
document est reproduit dans l'*Histoire de Bourgogne*, IV, Preuves,
LXXXVIII-LXXXIX. On trouve ensuite, dans le même document, les

APPENDICE III

N° 1. Préambule de la trêve de Tours, d'après le texte de Rymer (V, i, 133), et pouvoirs donnés par Henri VI a ses ambassadeurs pour conclure la paix avec Charles VII [11 février 1444] (Voy. ci-dessus p. 156, n. 3).

Rex omnibus, ad quos etc., salutem.

Inspeximus quædam appunctuamenta treugarum, inter nos et avunculum[1] nostrum Franciæ, ac regna, dominia, subditos et alligatos utriusque partis, tam per aquam quam per terram, captarum, facta in hæc verba :

Rex excelsus, æterni Regis filius, pia miseratione de summis cœlorum ad yma descendere voluit [ut], sublato veteri inimicitiarum et divisionis pariete, ad unitatem et pacem reducere[t] homines vera pax, exemplum terrenis relinquens principibus quanto affectu et quam ardenti desiderio studere deberent suorum quieti subditorum, eosque, sedatis turbationum guerrarumque diris amfractibus, in pulcritudine pacis stabilire.

Quo respectu indubie permotus, metuendissimus et excellentissimus princeps, Henricus, Dei gratia, Angliæ et Franciæ rex, qui, ab ineuntis suæ minoris ætatis auspiciis, suorum more majorum, et singulariter illius, perhennis recordationis, inclitissimæ et divæ memoriæ, principis Henrici, sui progenitoris no-

propositions que, d'après les avis des ambassadeurs d'Amédée VIII, le roi Charles peut et doit faire au duc de Bourgogne, « pour parvenir à traitier de paix avec lui », puis les réponses du roi aux avis donnés par ces ambassadeurs (*Hist. de Bourgogne*, IV, LXXIX-LXXXI et Coll. de Bourg., t. 99, fos 243-251).

1. Voy. ci-dessus, p. 152.

bilissimi, inhærens vestigiis, semper præcipuum suis gessit in votis regnorum Angliæ et Franciæ pacem, juxta prophetæ exhortationem, nedum quærere, set etiam continué ac jugiter prosequi.

Post multas et solempnes ambassiatas [1], in eam rem superiori tempori delectas, novissime in eandem nos, Willielmum de la Pole, comitem Suffolciæ, hospitii sui regii magistrum, Adam Moleyns, custodem privati sigilli sui, legum doctorem, decanum Sarisburiensem, Robertum Roos, militem, regios consiliarios, ac Thomam Hoo, militem, Richardum Andrewe, secretarium regium, legum doctorem, et Johannem Wenlok, armigerum, ambassiatores suos ad praesentiam serenissimi et illustrissimi principis, avunculi Franciæ, suffultos in ea parte auctoritate sufficienti, in [2] præsentiarum, demisit.

Quocirca, nos, iidem Willielmus, Adam, Robertus, Thomas, Richardus et Johannes, ambassiatores prædicti, universis Christi fidelibus, ad quos præsentes literæ pervenerint, notum facimus quod nos, in vim potestatis et auctoritatis pro pace tractanda nobis in ea parte attributarum et commissarum, cujus quidem commissionis tenor sequitur, in hæc verba [3]:

Henricus, Dei gratia, rex Angliæ et Franciæ, et dominus Hiberniæ, omnibus, ad quos præsentes literæ pervenerint, salutem.

Pensitantibus nobis quantus sit fructus pacis, quantaque maximarum rerum publicarum detrimenta, labefactationes et excidia proveniant immoderatis bellorum procellis, et quod pax, veluti quædam hominibus in terris omnipotenti Deo attributa gloria, in nostri Redemptoris natalitiis fuit per Angelos nunciata, Domino nostro continuante desolationem prosequentibus discordiam, ad ea nos, sub pœna perpetuæ indignationis divinæ, recensemus astrictos, quibus fragor, in quantum in nobis est, extinguatur bellorum et salutiferæ unitati fidelium efficaciter consulatur.

Districtum igitur divinum præ oculis habentes judicium, et quæ sunt Jesu Christi quærentes, consideramus præclarissima

---

1. Voy. Rymer, V, I, 93, 100, 106, 129, 133.

2. Il doit manquer ici un mot, par exemple, virtutem ou vim, qu'on trouve quatre lignes plus bas. — Præsentiarum pour præsentium?

3. Comparez cette partie du texte au préambule du traité dans le registre Y[4] (ci-dessus, p. 154 et suiv.).

olim Franciæ et Angliæ regna, necnon vergentia in eisdem ex bellis in alterutrum mala, quorum extinctionem toto nostro cupimus conatu, ea quæ pacis sunt in hac parte prosequi cum effectu ; unde confidentes de approbata fidelitate, circumspectione et industria, ac præcipue conscientiarum puritate carissimi consanguinei nostri Willielmi, comitis Suffolciæ, magni senescalli hospitii nostri, dilecti clerici nostri, magistri Adae Moleyns, legum doctoris, decani ecclesiæ cathedralis Sarisburiensis, ac custodis privati sigilli nostri, dilecti et fidelis nostri Roberti Roos, militis, consiliarii nostri, dilecti et fidelis nostri Thomæ Hoo, militis, dilecti clerici nostri, magistri Richardi Andrewe, legum doctoris, secretarii nostri, et dilecti nobis Johannis Wenlok, armigeri, domicelli nostri, ad laudem et honorem omnipotentis Dei, et pro vitanda humani sanguinis effusione, ac ad removendum supradicta mala, necnon ut quieti subditorum nostrorum, per bonum pacis, auxiliante Domino, utiliter sit provisum, ipsos, comitem, decanum, Robertum, Thomam, Richardum et Johannem, nostros ambassiatores, oratores, procuratores, deputatos et nuncios speciales facimus, ordinamus et constituimus per præsentes.

Damus itaque et, de consensu ac deliberatione consilii nostri, tenore præsentium, concedimus eisdem ambassiatoribus, oratoribus, procuratoribus, deputatis et nunciis nostris prædictis, quinque, quatuor, tribus et duobus eorum, quorum præfatum comitem unum esse volumus, potestatem plenariam, ac mandatum generale et speciale pro nobis et nomine nostro ac utriusque nostrorum Angliæ et Franciæ regnorum, dominiisque, subditis ac amicis nostris, ac aliis nobis alligatis, confœderatis et adhærentibus quibuscumque, cum serenissimo principe Karolo, avunculo nostro, in regno Franciæ, sive suis ambassiatoribus, oratoribus, procuratoribus, deputatis et nunciis, potestatem ab eodem avunculo nostro in hac parte habentibus, conveniendi, communicandi, tractandi, necnon componendi, paciscendi et transigendi, appunctuandi, ac plene et finaliter concludendi et concordandi de pace perpetua, necnon de et super omnibus contentionibus, quæstionibus, guerris, causis et querelis, litibus, demandis et debatis, unâ cum omnibus suis circumstantiis emergentibus, incidentibus, dependentibus, ac connexis, quæ inter nos et regna dominiaque nostra, subditosque nostros, necnon alligatos, confœderatos, et alios nobis adhærentes quoscumque, et dictum avunculum nostrum, atque loca et dominia quæ habet vel prætendit habere, pendere noscuntur; universaque et singula, quæ inter eos appunctuata, conventa, conclusa et concordata contigerit [1], roborandum et assecurandum [2] per fidei interpositionem et juramentum, ad sancta Dei euvangelia, in animam nostram præstandum; ac de et super omnibus et singulis præmissis ac dependentiis ab eisdem omnes et omnimodas securitates, cautiones, promissa, obligationes, ac literas sigillatas concedendum, faciendum et expediendum [3], prout eisdem ambassiatoribus nostris, quinque, quatuor, tribus, aut duobus eorum, quorum præfatum comitem unum esse volumus, melius videbitur expedire;

Quæ talem tantamque vim, auctoritatem et effectum volumus realiter optinere, ac si ea in propria persona fecissemus; cæteraque omnia et singula, in præmissis conclusa, concordata et firmata, expediendum [4], perficiendum et pro parte nostra perimplendum, ac debite exequendum, etiam si majora sint expressatis et mandatum de sui natura magis exigant speciale, et quæ nosmetipsi facere possemus, si personaliter præsentes essemus in explicatione et conclusione præmissorum; promittentesque, bona fide et verbo regio, in hiis (sic) scriptis, quod omnia et singula, quæ in præmissis vel circa per ambassiatores nostros prædictos, quinque, quatuor, tres, vel duos eorum, quorum præfatum comitem unum esse volumus, appunctuata, conventa, conclusa et concordata fuerint, rata, grata, firma et stabilia pro perpetuo habebimus et faciemus inviolabiliter observari.

In cujus rei testimonium has literas nostras fieri fecimus patentes. Dat. apud manerium nostrum de Shene, undecimo die mensis februarii, anno regni nostri vicesimo secundo [5].

1. Pour contigerint?
2. Pour roborandi et assecurandi?
3. Pour concedendi, faciendi et expediendi?
4. Pour expediendi, et ainsi de suite.
5. Voy. ci-dessus, p. 156, n. 2. La suite du texte de Rymer reproduit, comme le registre Y[4], les pouvoirs donnés par Henri VI, pour conclure une trève à défaut de la paix, et (en latin) les clauses de la trève signée à Tours.

N° 2. Noms des alliés du roi d'Angleterre compris dans le traité (voy. ci-dessus, p. 162, n. 3, et Rymer, V, I, 134).

Appunctuavimus, concordavimus, inivimus, ac conclusimus pro dicto domino nostro rege, regnis, terris, dominiis et subditis, necnon pro universis et singulis majestati suæ colligatis et confœderatis, amicis, auxiliantibus, fautoribus et adhærentibus,

Ac specialiter pro Rege Romanorum[1] et electoribus Imperii, Daciæ, Sweciæ, Norwegiæ[2] et Portugaliæ[3] Regibus, Gloucestriæ[4], Eborum[5], Exoniæ[6], Somersetiæ[7] et Norffolciæ[8] ducibus, ac comite Staffordiæ[9], et Thoma Stanley[10], pro dominio de Man, eorumque et cujuslibet eorumdem vassallis, terris, dominiis et subditis quibuscumque.

1. Frédéric III d'Autriche. Il figure aussi parmi les alliés de la France (Voy. ci-dessus, p. 162).

2. Christophe III, le Bavarois (1439-1448), était roi des trois pays. C'est après sa mort que l'union de Calmar fut rompue.

3. Alphonse V, l'Africain, roi de Portugal (1438-1481).

4. Humphrey, duc de Glocester, quatrième fils de Henri IV (Dugdale, *Baronage*, II, 198-200).

5. Richard, duc d'York, fils de Richard de Conningsburgh, duc d'York, et d'Anne Mortimer. Il fut protecteur du royaume d'Angleterre en 1455, et mourut en 1460 (Dugdale, II, 158 et s.).

6. Jean Holland. Henri VI lui avait rendu, en 1443, le titre de duc d'Exeter, qui avait été enlevé à son père par Henri IV (Dugdale, II, 80-82).

7. Edmond Beaufort, qui fut duc de Somerset après son frère aîné, Jean Beaufort, mort en 1444 (Dugdale, *Baronage*, II, 123, — *National dict.*, IV, 38 et s.).

8. Jean Mowbray, duc de Norfolk (Dugdale, I, 131).

9. Humphrey, comte de Stafford et duc de Buckingham (Dugdale, I, 164 et s.).

10. Th. Stanley, fils de Jean Stanley, qui avait reçu de Henri IV, en 1406, l'île de Man et les îles voisines, appartenant auparavant à H. Percy, comte de Northumberland (Dugdale, II, 247, 248. Voy. ci-dessus, p. 81, n. 4).

TABLE DES MATIÈRES

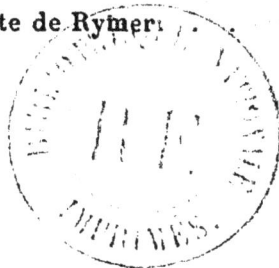

Chartres. — Imprimerie Durand, rue Fulbert.

www.ingramcontent.com/pod-product-compliance
Lightning Source LLC
Chambersburg PA
CBHW060550210326
41519CB00014B/3419